Destellos de Sabiduría del Arcángel Miguel

Destellos de Sabiduría del Arcángel Miguel

Elizabeth Clare Prophet

Porcia Ediciones
Barcelona Miami

DESTELLOS DE SABIDURÍA DEL ARCÁNGEL MIGUEL
Elizabeth Clare Prophet

Copyright © 2001 by SUMMIT UNIVERSITY PRESS
All Rights Reserved
1 East Gate Road, Gardiner, Montana 59030, U.S.A. (Tel: 406-848-9500 - Fax: 406-848-9555 -
Email: rights@summituniversitypress.org - Web site: http://www.summituniversitypress.com). The
Summit University Press material quoted in this book was originally published in English and
produced in the U.S.A. This Spanish edition is published under the terms of a license agreement
between PORCIA EDICIONES, S.L. and SUMMIT UNIVERSITY PRESS.
Todos los derechos reservados. El material de Summit University Press que se cita en este libro se
publicó originalmente en inglés y se imprimió en EE.UU. Esta edición española se publica según
las condiciones del contrato suscrito por PORCIA EDICIONES, S. L. y SUMMIT UNIVERSITY
PRESS.
Las citas del Arcángel Miguel contenidas en este libro han sido extraídas del CD *Pearls of Wisdom
from 1958 to 1998* de Mark L. Prophet y Elizabeth Clare Prophet. Corwin Springs, Montana
© Church Universal and Triumphant, 1999.

Traducción al español: María Alejandra Martinelli. Copyright © 2001 Porcia Ediciones, S.L.
Reservados todos los derechos. Publicado por

PORCIA EDICIONES, S.L.
Enamorados 68 Principal 1ª Barcelona - 08013 (España)
Tel./Fax (34) 93 245 54 76
E-mail: porciaediciones@wanadoo.es

Summit University Press, 🐚, The Summit Lighthouse, Elizabeth Clare Prophet, *PERLAS DE
SABIDURÍA,* son todos nombres protegidos, nombres comerciales o marcas registradas. Todos
los derechos para su uso están reservados.

Ninguna parte de este libro puede ser reproducida en forma alguna por medios electrónicos o
mecánicos, incluyendo almacenamiento de información o sistemas de archivo, sin permiso
por escrito del editor. Para más información dirigirse a Summit University Press.

Diseño de cubierta: © 2001 Porcia Ediciones, S.L.
La imagen de la cubierta tiene los derechos para su uso reservados. No puede ser usada o copiada
en ningún medio, incluso por fotocopia, sin autorización del autor, quedando sometida cualquier
infracción a las sanciones legalmente establecidas.

Copyright de la imagen del ángel que aparece en la portada («The angel» de Edward Burne
Jones): © Glasgow Museums: Art Gallery & Museum, Kelvingrove. Dicha imagen se ha utilizado previa
autorización de los titulares.

1ª edición: noviembre 2001
Depósito legal: B.48032-2001
ISBN: 84-95513-17-X

Impreso en España por Romanyà Valls
Printed in Spain

ÍNDICE

INTRODUCCIÓN

Miguel, cuyo nombre significa «el que es como Dios», es el arcángel que sirve en el rayo azul. Su hogar espiritual se encuentra situado encima de Banff, cerca del lago Louise, en Canadá. El complemento femenino de Miguel es la Arcangelina Fe.

Puedes pedirle, tanto a él como a sus ángeles, que te liberen de temores y dudas, que refuercen tu fe, o que te proporcionen la protección necesaria ante cualesquiera peligros físicos o espirituales, como, por ejemplo, robos, accidentes de tráfico, que causan tantas muertes al año, o también exorcismos, interferencias con la mente o incluso magia negra. Pídele también valentía para afrontar cualquier situación desafiante.

Otra de las cualidades que él infunde es el liderazgo, de manera que le podemos llamar asimismo para que inspire a nuestros líderes y gobernantes.

Te presentamos a continuación una selección de alentadoras palabras procedentes del mismo corazón del Arcángel Miguel para que puedas leer en momentos en que necesites fortaleza, fe, protección, voluntad, obediencia, liderazgo, valentía o poder. Quizá prefieras leerlas seguidas o simplemente optes por dejarte llevar por la intuición y elegir una al *azar*: puede que sea la que estabas buscando. Entretanto, el Arcángel Miguel espera atento a que le llames.

FE

FE

PROTECCIÓN

VOLUNTAD

LIDERAZGO

FORTALEZA

VALENTÍA

OBEDIENCIA

PODER

FE

Prometo dar mi fe y el poder de mi confianza a los que me den sus dudas y su fe diluida

Con frecuencia he declarado a los sinceros que si me dieran sus dudas o su fe diluida las aceptaría, y mediante el relámpago cósmico azul, las transmutaría en el amor de Dios que no falla. He prometido conceder mi fe y el poder de mi confianza a todos los que me lo pidan. ¿Acaso tienen los hombres miedo de pedir? Que se acerquen con la confianza y el conocimiento de que el ruego más silencioso, inaudible para cualquier mortal, es llevado por manos angelicales a través del aire hasta la Presencia misma de Dios, desde donde estos espíritus de amor —los ángeles de mis bandas de fe— envían a las manos y los corazones mortales, en su trayecto descendente, la respuesta que el amor ferviente de Dios ha esbozado.

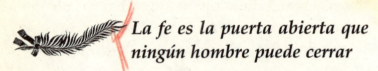

La fe es la puerta abierta que ningún hombre puede cerrar

La fe hará que, maravillados, los ojos internos se abran. Te revelará tu fortaleza interior. Te mostrará aspectos de tu ser que jamás soñaste que pudieran existir y te enseñará a entrar en contacto con el potencial que está encerrado en esos aspectos del ser y a hacerlo realidad. La ciencia es servidora de la automaestría personal y planetaria, y la fe es la puerta abierta que conduce al descubrimiento científico, que ningún hombre puede cerrar.

La fe es el puente que la conciencia ha de construir para poder atravesar el abismo que separa lo finito de lo infinito. Una vez que se ha cruzado, el puente ya no hace falta, y el arduo viaje permanece olvidado en la alegría del descubrimiento y en la bienvenida a la realidad. Por ello, es fundamental dar una oportunidad a la fe, incluso a riesgo de que en un principio la motivación sea egoísta. Tienes que abrir la puerta. Tienes que construir el puente. Tienes que creer, aun por un momento, para llegar a sentirte repleto de gracia y del enorme potencial cósmico que en realidad eres.

¿Cómo puedo yo, o cualquier ayudante celestial, esperar que los individuos sean verdaderamente amables los unos con los otros cuando, en su fuero interno, sienten que sus actos son autónomos y que de ninguna manera están relacionados con los actos de los demás? Que aprendan la gran ley del karma y comprendan que mostrarse amabilidad recíproca y trabajar juntos para la fruición del mundo y de un orden cósmico no sólo constituyen una expresión de sabiduría, sino también de fe y de amor hacia el prójimo, de que no se ha caído en las redes del engaño urdidas por las fuerzas divisorias, dedicadas a atacar todo lo bueno, puro y real.

Estoy convencido de que el poder de la fe en el mundo invisible, cuando se ejerce correctamente, es el camino para la salvación del hombre; y si ello es así, de cierto se puede convertir en el camino para la salvación universal y planetaria.

YO SOY Miguel, y mi propósito es establecer fe y buena voluntad entre la humanidad. Existen muchas facetas de la ley que son el tallo de una raíz divina, y estamos convencidos de que las hojas del árbol han de servir para la curación de las naciones. Que se comprenda, pues, la identificación práctica de la fe. **La fe es una fuerza activadora que yace en las almas de los hombres.** Es una llama que o bien puede girar como un deflector gigante, consumiendo la mezquindad de los pareceres de los mortales, o bien precipitarse como un relámpago, rompiendo las rocas de la oposición que, de continuo, son lanzadas a la senda del discípulo.

Que todos entiendan que el potencial espiritual del hombre es mucho mayor que cualquier fase de su comprensión actual, que el ser humano es el depósito tanto del tiempo como de la eternidad. Cuando se la comprende en sus justos términos, la fe, como la palanca de Arquímedes, es capaz de transportar el mundo a la era dorada en la cual todo hombre será un ser libre en Dios y dará rienda suelta a su creatividad, que fluirá por doquier para alegría de su Creador.

Dios propone y otorga. Y dispone a medida que el hombre hace sus propuestas. La conciencia de dualidad puede prevenir por un tiempo la manifestación de la fe perfecta, pero no puede detener por siempre su flujo. Nunca puede convertirse en un obstáculo permanente para el reino de Dios. Como Morya ha dicho: «Llevamos ganando desde el principio».

La fe creará el renacimiento de una cultura espiritual verdadera y un reconocimiento del significado y del propósito de la vida

YO SOY el Arcángel Miguel, y escucho los ruegos de la humanidad pidiendo ayuda para el desarrollo y mantenimiento de la fe. Los hombres saben a menudo los momentos en que han sido indulgentes consigo mismos al involucrarse en proyectos humanos indeseables. En vez de hospedar ángeles, sus recuerdos regresan a los aspectos sórdidos de la vida, y, con sentido de culpa o arrepentimiento, sus humores adoptan un estado poco menos que patético.

¡Corazones de luz! **La fe no mana de una fuente de culpa**; y la bondad, la alegría y la felicidad divina no provienen de las facetas negativas de la vida.

¿Qué maravilloso es cuando el sendero de la fe es súbitamente revelado, incluso a la mente, como una poderosa cinta reluciente de sustancia luminosa que conecta al individuo con su presencia divina? Qué contentos estamos cuando se nos invita a caminar por esa cinta directamente hasta el corazón del devoto para ayudarle en el desarrollo de esta gracia del Espíritu que, en cualquiera que sea el entorno, creará aquellas aptitudes de la llama divina que infunden la cultura interior del alma a la expresión externa.

No obstante, nosotros afirmamos que **la fe perfecta puede generarse en la presencia y en el patrón divinos dentro de las células mismas del ser humano**, y que ello provoca una acción de aceleración, una elevación para la mente y el espíritu, que, de estimularse a diario, creará el renacimiento de una cultura espiritual verdadera y un reconocimiento del significado y del propósito de la vida de todos.

YO SOY del reino angélico; y como arcángel que soy, ofrezco a la humanidad encarnada mi acumulación de fe. Cuando se adquiere visión ¿qué necesidad hay de fe? Así pues, **no soy yo quien necesita fe** —excepto para darla—, sino que **sois vosotros los que la necesitáis**.

Puedo, por concesión de gracia, infundir mi energía de forma tangible en tu vida, en el nombre de la jerarquía cósmica y de los ayudantes espirituales del Cristo; porque todos somos uno, y servimos para que se libere el gran potencial divino de los hijos de Dios en quienes aún no ha aparecido lo que ellos serán. Pero cuando aparezca, sabremos que ellos serán como Él es, porque ellos lo verán tal como Él es.

> *No sois polvo y cenizas; no sois sustancia mortal, ni seres mecánicos en la sociedad, sino que en el gran y alegre corazón de la realidad os estáis convirtiendo en Dios*

La *pureza de motivo* es un requisito importante para la exteriorización de la fe. Son incontables los que, entre la humanidad, buscan de forma egoísta fines dentro de sí mismos, negando así los propósitos de la vida, con lo cual se privan de los frutos de la victoria. Sus expectativas de cumplimiento toman forma a menudo a través de las peticiones hechas a la Deidad: si todas fueran concedidas, se volverían espinas en el camino que algún día atravesarían sus corazones, causándoles gran dolor y sufrimiento. Por medio de la gran misericordia de la ley de la vida, Dios procura evitar estas manifestaciones negativas, de modo que guía con ternura al suplicante hacia un deseo más digno. De esta manera el carácter se forma y **la fe se desarrolla a través del sometimiento a la voluntad de Dios y del deseo de conocer esa voluntad.**

YO SOY un defensor de la fe, la cual debe dedicarse a Dios y a Su deseo universal de perfección. La belleza y la vida radiante —el deseo que Él ha permitido impregnara el universo y que es la totalidad de su primera manifestación misericordiosa— conceden al hombre, como derecho de nacimiento, los mismísimos privilegios de que Dios mismo goza. Él está muy cerca del pensamiento de la fe que se halla en la idea de recompensa por la acción correcta. Los teólogos del mundo, en estado contemplativo, han reflexionado a menudo sobre la existencia del bien y del mal.

Quienes se encuentran orientados hacia el sendero más elevado comprenden la existencia de la penetración total del bien. Tratan de sumergirse en el océano de su majestuosidad mediante el cáliz de su conciencia, y de llenar esa conciencia con el bien que YO SOY.

El poder de la fe construye, a partir de las inertes cenizas del fénix, no un indicio, un simple átomo de imaginación humana, sino **una realidad viviente, tangible, manifiesta, que tiene el potencial de concebir su propio mundo**. No sois polvo y cenizas. No sois sustancia mortal, ni seres mecánicos en la sociedad, sino que en el gran y alegre corazón de la realidad os estáis convirtiendo en Dios.

Nunca puedes negar el poder de la fe y vencer. Debes dar el primer paso y luego los pasos posteriores necesarios hasta que tu soledad se convierta en la «unidad de todo». Una de las mayores ayudas que cualquier corriente de vida puede llegar a tener o a desarrollar es la conciencia del Invisible, el Señor Cristo, el amado Señor Saint Germain, la venerada Santa Madre María y los benditos ángeles quienes todos los días asisten a la humanidad de innumerables formas, de las cuales ésta raramente se percata.

Al desarrollar la fe en nuestro servicio, adquieres la capacidad de reforzar nuestro patrón hasta que nuestra realidad se convierte en la tuya, mientras que nosotros obtenemos la de conocerte como realmente eres, como Dios te creó.

Al mantener tal fe en nuestra existencia y aceptar la imagen de la inmortalidad y la victoria, te vuelves semejante a nosotros, ya que también nos ves tal como somos.

Se cuentan por millones los que se burlan y se mofan, y no saben lo que hacen cuando aceptan la realidad de los sentidos y rechazan las magníficas matrices de la perfección científica de Dios que la forma y la sustancia han hecho susceptibles de manifestación.

No temas: los arcángeles y los ángeles, los grandes seres cósmicos, los Señores de la Vida y tu propia alma divina resisten como una columna de fuego durante la noche y como la sombra de un testigo durante el día. Ya sea en momentos de elevación e inspiración, ya sea en los desdichados estados de incertidumbre y divagación, la Estrella de la Presencia permanece siempre sobre ti.

La fe te mantiene en las manos de Dios. ¡Expande la fe! ¡Expande la fe! ¡Expande la fe! Porque donde tú estás, YO SOY.

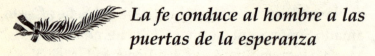

La fe conduce al hombre a las puertas de la esperanza

A menos que los hombres puedan reunir toda la fe en Dios Todopoderoso y en los tomos de Su ley, no podrán ayudar sino ver dirigida su atención hacia menores objetivos de afecto. **Proceder con fe en la integridad invencible de Dios es armonizarse con ella, vivir según este diseño es manifestarla**, y así, la fe conduce al hombre a las puertas de la esperanza; mas una esperanza que no está arraigada con fe en la integridad propia de Dios no es en absoluto esperanza. Los dogmas morales no son sustitutos del sentimiento de vida omnipotente que se apodera del corazón y declara: «La tierra es del Señor y todo lo que ella contiene» desde un extremo del infinito hasta el otro, desde el comienzo de cada ciclo hasta el final del mismo.

Que se halle remedio a toda ignorancia mediante la fe en los propósitos de Dios, porque ésta es nuestra sencilla súplica que se manifiesta como pensamiento y sentimiento celestiales, centrados en la fe divina.

Endereza los caminos del Señor, y hazlo a tu medida, ya que muchos hollarán los surcos de sus curvas, y en las huellas de tu paseo kármico puede que queden las arenas de la iluminación eterna para aquéllos que vengan persiguiendo los valores eternos.

¡YO SOY la fe en acción, en la virtud de la mente de Dios dentro de vosotros!

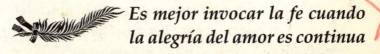

Es mejor invocar la fe cuando la alegría del amor es continua

La fe —«la esencia de las cosas que se esperan»— requiere esperanza iluminada, y resulta mejor invocarla cuando la alegría del amor es continua. Vuestros sentimientos, hijos de Dios del planeta *Terra*, son lo más importante, porque la ley universal es omnipresente. Así como es arriba en los reinos superiores, así abajo, la misma bella ley sustentadora producirá los milagros que perseguís.

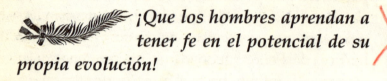 **¡Que los hombres aprendan a tener fe en el potencial de su propia evolución!**

La fe de los mortales se centra generalmente en uno u otro contemporáneo suyo, por quien sienten estima o desprecio cambiantes. ¡Qué pena! Porque todos los hombres están transformándose, todos los hombres están evolucionando, aun cuando los pasos hacia adelante sólo puedan medirse pulgada a pulgada. Que los hombres aprendan, pues, a tener fe en el potencial de su propia evolución, y que le concedan lo mismo a los demás, porque el arco de Dios se estira a través de los cielos y alcanza la vida de cada individuo según su capacidad de recibir.

Que empiecen por depositar su fe en Dios y en su plan divino. Que no continúen lamentando el hecho de que el cielo no aparece, cuando todo el drama del cielo está apareciendo a su alrededor, y el único fallo es el del hombre por no reconocer que Dios es, y que Dios aparece en cada aspecto de la naturaleza y del hombre en tanto que sublime extensión del Espíritu inmortal hacia la perfección y la esperanza.

Así pues, estoy hablando del camino. Estoy hablando del sendero espiritual, de la fe, y confío en que los hombres entenderán por qué no nos aparecemos a los simples curiosos. Cuando nos hemos aparecido en forma de hombre, nos han mutilado. Cuando nos hemos aparecido como seres divinos, se han señalado con el dedo los unos a los otros exclamando: «¡Estás alucinando!» De modo que el único signo que Dios ha dado al hombre es el signo del profeta Jonás. Así como Jonás estuvo en el vientre de la ballena tres días y tres noches, así el hijo del hombre estará en la Tierra tres días y tres noches.

Ha llegado la hora de que me entreguéis vuestro miedo y vuestras dudas, y yo os entregaré mi fe

He venido para imbuiros de fe, de la fe que precisáis para cumplir vuestros votos internos, vuestra misión divina. Porque todos y cada uno de vosotros habéis estado ante los Señores del Karma antes de encarnar, y habéis prometido prestar algún servicio a favor del Cristo. Y yo he estado allí con vosotros, y también he comprometido mis energías y a parte de mis legiones en la defensa de vuestra fe.

Por lo tanto, ha llegado la hora de que me entreguéis vuestro miedo y vuestras dudas, y yo os entregaré mi fe. ¿Creéis que es un intercambio justo? Preciosos corazones, para mí lo es, porque el potencial de energía que hay en el núcleo del átomo es fuego en sí mismo.

Así que, cuando me entregáis vuestra falta de maestría, vuestra falta de control divino, los pongo en el fuego; y como gran purificador que soy, los limpio de toda oscuridad. A continuación, los envío de regreso a vuestros Cuerpos Causales, al Cuerpo Causal de la Tierra, para aumentar y fortalecer el campo energético y el hábito de fe de toda la humanidad.

Yo os digo: poneos de pie y dadme vuestro miedo y vuestras dudas. Tended vuestro brazo, el derecho, y extendedlo hacia mí, pues deseo quitaros la carga de la conciencia humana. **La acumulación de energía que poseo es lo suficientemente grande como para cargaros con una fe viva que os llevará al *hogar*, a la victoria de la ascensión en la luz**; y permaneceréis resueltos y seguros en vuestra devoción al principio, a la Ley y a la Madre Divina.

He pedido a los ángeles de la fe que se queden con cada uno que ahora asienta dentro de su corazón y de su alma que desea tener consigo en todo momento un ángel de la fe para que le instruya en la Ley y le recuerde en los momentos de prueba la gran perfección ígnea de la voluntad celestial. Si consentís, mis ángeles se quedarán y os acompañarán adondequiera que vayáis.

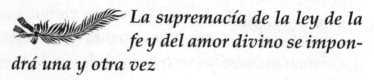 *La supremacía de la ley de la fe y del amor divino se impondrá una y otra vez*

Los justos brillarán como el Sol en su pleno esplendor; porque en esta hora, cuando deliberadas intenciones maliciosas enemisten a hermanos, la supremacía de la ley de la fe y del amor divino se impondrá una y otra vez, reforzando los propósitos de nuestras diversificadas bandas y creando un nuevo clima de esperanza para aquéllos cuyos corazones puedan responder.

No caben burlas a Dios. Ni a la vida. **Vosotros no necesitáis ser víctimas de burlas ni de fraudes porque de una gran fe nace una gran fortaleza.** Y de una gran fortaleza deriva el reconocimiento de la necesidad de armonizarse con nuestro retiro de la fe en Banff.

Mientras tararees una tonada victoriosa, piensa en mí, porque yo estoy cerca de ti, justo en la entrada de tu corazón, y mis energías son para ti.

Sólo los amigos divinos son para siempre

Si habéis perdido a un amigo no lloréis, más bien alegraos. Porque cuando se os dé el correcto entendimiento, veréis con toda claridad que sólo los amigos divinos son para siempre. Ellos nunca están condicionados por expectativas externas, sino que se basan en la fe interna del alma en un propósito universal.

YO SOY vuestro amigo, vuestro compatriota y vuestro líder en la batalla contra el miedo, la duda y la muerte

Queridísimos: escuchad mi llamado. Porque el regalo de la fe es mi regalo. Y éste, amados corazones, debe ser acompañado por el recuerdo. Por lo tanto, mediante la llama de la fe, yo estoy ardiendo en el fuego sagrado, reavivándoos dentro del corazón, del alma y de la mente, el recuerdo del encuentro que tuvisteis conmigo; puesto que YO SOY vuestro amigo, vuestro compatriota y vuestro líder en la batalla contra el miedo, la duda y la muerte.

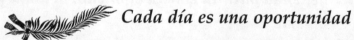 *Mi servicio y mi trabajo confirman a diario la fe*

La fe, que constituye la calificación de mi llamado, es confirmada a diario por mi servicio y mi trabajo. Amados, ¿os imagináis que yo, el arcángel de cuyo amor vosotros dependéis —lo sepáis o no—, permaneciera en mi retiro alimentando santos pensamientos de fe sobre vosotros en lugar de ir con mis legiones a defenderos? ¿Consideraríais mi servicio en tal caso digno de Dios Todopoderoso o de vuestras almas? Os digo que ¡no!

Amados, nosotros transmitimos fe. Mis ángeles se aproximan a vosotros ahora. Podéis darles la bienvenida o no. Ellos se comportarán educadamente. Y, por lo tanto, se retirarán si decís: «Hoy no. Debo esperar a ver qué pasa.»

Cada día es una oportunidad

Oh, amados, bien podríais considerar mediante mi llama de la fe que cada día es una oportunidad para afrontar y dejar atrás las partes más difíciles que habéis dejado pasar en vidas anteriores o en ésta. Llega el momento en que el discípulo, que sabe que se está convirtiendo en maestro y adepto, se da cuenta de que no hay tiempo para andar desprevenido, ni de ausentarse de la vigilia interna de la llama.

Sin esperanza, sin fe y sin amor, el hombre nada puede hacer

Sin esperanza, sin fe y sin amor, los hombres nada pueden hacer. Mas con estos benditos aspectos de la Deidad, la gran trinidad de la vida puede actuar sobre muchos de ellos hasta que la forma de pensamiento de la Pirámide Dorada atraiga al hombre hacia Dios y hacia el cumplimiento del plan universal de la vida para todos. Se levanta el telón; y pronto la sabiduría vital fluirá: un gran río de luz dorada, el ígneo resplandor cristalino de la gloria trascendental siempre moviéndose hacia adelante.

En la plenitud de la fe, YO SOY.

Decreto de Fe

Antes de recitar el cuerpo del decreto, di las siguientes palabras [utilícese para todos los decretos]:

En el nombre de mi Presencia YO SOY y de mi Santo Ser Crístico, yo decreto:

[puedes mencionar ahora en voz alta las circunstancias necesitadas de fe a las que quieras dedicar el decreto]

Amado Miguel, arcángel de la Fe,
sella mi vida con tu protección;
que día a día aumente mi Fe,
lo único real en la vida es Dios.

Avanza ante mí, querido Miguel,
adoro y aprecio tu escudo de Fe;
llama viviente, armadura de Luz,
acción manifiesta en el nombre de Dios.

Príncipe de Luz, San Miguel, San Miguel.
Hermoso y brillante ángel de la fe:
tu protección sella a mi alrededor,
que la fe del cielo cure todo error.

¡Y con plena fe acepto conscientemente que esto se manifieste, se manifieste, se manifieste! (recítese 3 veces), ¡aquí y ahora mismo con pleno poder, eternamente sostenido, omnipotentemente activo, siempre expandiéndose y abarcando el mundo hasta que todos hayan ascendido completamente en la luz y sean libres! ¡Amado YO SOY! ¡Amado YO SOY! ¡Amado YO SOY!

Afirmaciones de Fe

YO SOY el que está cargado de Fe

YO SOY el fuego llameante de la Fe cósmica

PROTECCIÓN

FE

PROTECCIÓN

VOLUNTAD

LIDERAZGO

FORTALEZA

VALENTÍA

OBEDIENCIA

PODER

PROTECCIÓN

Vengo a establecer y a asegurar protección espiritual, porque éste es mi oficio y mi llamado

Amados, vengo a establecer y a asegurar protección espiritual, porque éste es mi oficio y mi llamado. Al envolveros con la llama azul que proviene del corazón de Dios también os aseguráis la protección física. Benditos, la densificación de la luz proporcionando una protección física completa y máxima es posible, pero no se manifiesta sin una enorme concentración de oración, meditación y decreto dinámico.

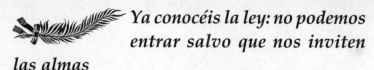 **Ya conocéis la ley: no podemos entrar salvo que nos inviten las almas**

Os prometemos que si nos llamáis, si me llamáis invocando mi nombre a diario en el nombre del Señor, vendré, **esgrimiré mi espada llameante y liberaré a ese ser querido y a cientos, a miles y a millones de jóvenes de cada nación.**

¡Os hablo con el fervor de un arcángel! Y a vosotros, que no estáis acostumbrados a escuchar la palabra de ninguno, yo os digo: ¡escuchad bien! Porque la intensidad de nuestra luz en defensa de Dios Todopoderoso encarnado en sus más pequeños se multiplica en este día por la acción de la luz del Espíritu Santo y de todos los santos del cielo.

Estamos al servicio de la Luz. Sin embargo, ya conocéis la ley: no podemos entrar salvo que nos inviten las almas que están encarnadas en cuerpos físicos, quienes aceptan la ciencia de la palabra hablada y diligentemente imploran al Señor Dios y a nosotros, Sus servidores.

Yo, Miguel, Príncipe de los Arcángeles, saludo a la Tierra en el nombre del relámpago azul infinito de la protección del Cristo Cósmico

¿Qué hacemos cuando vuestra conciencia sufre por la ignorancia, por la ausencia de entendimiento, por la

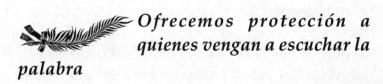

ceguera espiritual del egoísmo, etc.? Nos movilizamos para proteger todo lo bueno que sois en manifestación y todo lo bueno que sois en las octavas, confiando en que estas cualidades, este historial meritorio de servicio, por ende protegidos, constituirán la protección de la manifestación en su totalidad.

La Madre Divina, que es la Madre estelar azul, bellamente pintada por mi hijo Nicholas Roerich, es un foco de esta protección de llama azul. **¿Sabíais, amados, que la protección que recibís de mí es siempre la protección de la Madre Divina?** Nosotros servimos en su nombre.

Yo, Miguel, Príncipe de los Arcángeles, saludo a la Tierra en el nombre del relámpago azul infinito de la protección del Cristo Cósmico. He venido con el poder de la gracia infinita de Dios para permanecer con vosotros y consolaros con la perfección de la luz resplandeciente del corazón diamantino de Dios.

La humanidad, hoy día, apenas puede concebir el modo mediante el cual puedo pasar a través de la atmósfera de este planeta e inundar el mundo con todo el poder de la protección del Cristo Cósmico que ella necesita.

Ofrecemos protección a quienes vengan a escuchar la palabra

Os garantizamos que colocamos nuestra presencia electrónica sobre vosotros dondequiera que suene nuestra canción y que ofrecemos protección a quienes vengan a escuchar la palabra. En respuesta a vuestros llamados los protegeremos de aquéllos que los arrancarían del seno de la Madre Divina, incluso antes de que hubieran sido amamantados, y de ser destetados para fortalecerse ellos solos.

La protección es el fortalecimiento de la mente, del corazón y del alma

La protección, al fin y al cabo, es el fortalecimiento de la mente, del corazón y del alma en unidad, para que nada —ni ninguna vibración de miedo o duda— pueda penetrar.

Arcángel Miguel, ¡ayúdame! ¡Ayúdame! ¡Ayúdame!

¿No os dais cuenta de que el enemigo se opone a vosotros? ¡Despertad! Despertad, os digo, y comprended que no podéis permanecer en una luz tan enorme ¡y dejar de invocar vuestra protección! Porque yo estaré con vosotros todos los días, pero me debéis llamar al menos una vez en cada ciclo de veinticuatro horas, puesto que ésta es la ley de las octavas. Puedo atravesar y atravesaré el velo a cualquier hora del día o de la noche. Pero debo contar con el llamado:

Arcángel Miguel, ¡ayúdame! ¡Ayúdame! ¡Ayúdame!

Necesitáis la armadura y la espada del Arcángel Miguel

Nuestros ángeles vienen a nuestro templo de luz en Banff a recibir los fuegos de la protección. Se zambullen y son recargados para el servicio que ejecutan en pro de la humanidad veinticuatro horas al día. **Los ángeles de las bandas del Arcángel Miguel nunca van a la batalla sin la armadura de luz y la protección completa de la Ley**. Os exhorto, pues, a que aprendáis una lección de vuestro ángel de la fe: poneos esa armadura, la armadura completa de Dios como se os ha enseñado, y después salid como saldríais con las legiones de la llama de la valentía.

Yo os digo: necesitáis la armadura y necesitáis la espada del Arcángel Miguel. Necesitáis los fuegos de la protección.

No esperéis a entrar en el auto o en los medios de transporte para comenzar a hacer vuestros llamados. Es necesario que establezcáis un campo energético. Es necesario que mantengáis la armonía, porque si invocáis la asistencia de las legiones de la luz y en vuestro mundo hay irritación o la sustancia del sueño o términos medios, podéis estar seguros de que las fuerzas de la oscuridad, quienes siempre están alerta para ver cuándo sois vulnerables, se movilizarán y utilizarán a individuos que están totalmente ligados a la conciencia de las masas, para hacer tonterías en las autopistas y causar accidentes de toda clase. Por lo tanto, os digo: ¡usad la armadura, usad el poder de la palabra hablada y elevad la espada de llama azul!

Que vuestra unidad con las legiones del fuego blanco y del relámpago azul sea total

Actuamos en defensa de los seres crísticos. Y ya os hemos informado de que **por ley cósmica no puede darse una protección completa y absoluta excepto cuando invoquéis en primer lugar la presencia electrónica del Santo Ser Crístico a vuestro alrededor**, porque cuando estéis revestidos de la conciencia de éste, amados, tendréis entonces la protección absoluta de la Divinidad de la mano de los siete arcángeles y de nuestras legiones de Luz.

Estad en consonancia con la palabra interna del ser y sabed que YO SOY EL QUE YO SOY donde YO SOY el Arcángel Miguel, de modo que vosotros sois asunto de Dios dondequiera que estéis. Que la protección, el rayo azul y la llama azul estén sobre vosotros, amados, porque es necesario que se incremente vuestra acumulación de energía y que vuestra unidad con las legiones del fuego blanco y del relámpago azul sea total.

Os llevaremos tan lejos como la gran Ley nos permita llevaros. En consecuencia, la Ley depende de esa capacidad de medirse y del reflejo diamantino que mostréis de la voluntad de Dios. Ojalá que conozcáis la eficacia y la plenitud del llamado a la voluntad de Dios, así como la protección que ésta confiere.

YO SOY el Arcángel Miguel. **Vengo a proteger la mente, el corazón, la pureza, la visión. Vengo a proteger el servicio de quienes hacen la voluntad de Dios.** Vengo a proteger la libertad, la religión y el ritual que es necesario en el ascenso hacia el *hogar*, hacia el punto de origen.

Cuando me concedéis la autoridad para actuar, la mente de Dios designa a millones de ángeles para que se dirijan a ese problema

Por la gracia de Dios Todopoderoso, YO SOY el Capitán de las huestes del Señor. De modo que todos los arcángeles, y los serafines de Dios y las huestes de la Luz que sirven en estos sistemas de mundos responden a mis órdenes. Cuando me concedéis la autoridad para actuar, la poderosa mente crística, a la cual nosotros denominamos «la computadora» de la mente de Dios, designa a millones y millones de ángeles para que se dirijan a ese problema mundial en particular.

¡Pedid que mi escudo de protección os rodee a vosotros y también a aquéllos que amáis!

Llamadme a diario y pedidme que os libere de la duda y que os transfiera mi sentimiento de fe inmortal. ¡Pedid que mi escudo de protección os rodee a vosotros y también a aquéllos que amáis! Su eficacia será por sí misma una prueba externa de nuestra proximidad en respuesta, de nuestro amor, de nuestra constancia y de nuestra fe en plena acción.

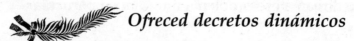

Las huestes celestiales han respondido a cada llamado

Os he entregado y os sigo entregando mi presencia física, mi ser, mi amor, mi fortaleza, mi respuesta a cada llamado. Y os aseguro que las huestes celestiales han respondido a cada uno que habéis hecho en cada prueba, mientras rozabais los límites de la ley de Dios y del libre albedrío humano, haciendo por vuestra parte todo lo que se podía hacer. Y nosotros hemos respondido haciendo todo lo que era posible, a lo que hay que añadir las infinitas dosis de gracia.

Ofreced decretos dinámicos

Os ruego que no olvidéis ofrecer decretos dinámicos a mí para la protección de todas las almas de luz, porque son dignas a los ojos de Dios de recibir defensa y razón ante Su trono.

La fe es una armadura que protege de las vulnerabilidades

Benditos, la fe se erige cual escudo, como una armadura tras la cual tanto los justos como los injustos pueden permitirse cierta protección en contra de las vulnerabilidades humanas. Y puesto que Dios hace que el Sol brille del mismo modo sobre justos e injustos, hay quienes se han apropiado igualmente de Su don de fe suponiendo que, por manifestar alguna cualidad

·de fe o de curación, se han ganado el derecho de la virtud cósmica.

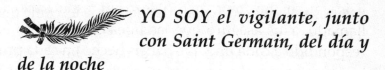 ### YO SOY el vigilante, junto con Saint Germain, del día y de la noche

Oh, hijos de la luz del Uno, comprended que se trata de un punto de reunión en el cual el amor del corazón de los arcángeles del primer y del tercer rayo converge gracias al poder de Dios. Y por ende, la estocada de la espada en la tierra tiene por finalidad la reunión de la luz de los iluminados, la protección de esta nación, de este continente y de todos los que pertenecen a la raza YO SOY en todo el cuerpo planetario. Y también, la protección de tiempo y espacio y del lugar que está preparado.

He aquí, **he venido a confirmar la oportunidad en el sendero de la iniciación**: oportunidad para confirmar el afianzamiento de la luz, la protección de los continentes y del cuerpo planetario entero, de modo que los niños del Sol puedan entrar en el corazón mismo del Royal Teton y descubrir allí a su propia raza raíz, su origen y descenso y su propósito cósmico.

¡He aquí, YO SOY el guardián! He aquí, YO SOY el vigilante, junto con Saint Germain, del día y de la noche, de la aparición del hijo de Dios dentro de vosotros! ¡He aquí, YO SOY la liberación de la palabra! He aquí, YO SOY el guardián de la llama de los fieles y verdaderos.

He aquí, **yo estoy con vosotros, amados, hasta el final de la era de vuestra encarnación de la palabra y**

el final de los ciclos de vuestro karma. He aquí, YO ESTOY con vosotros, ¡oh seres vivientes de luz! Y me quedaré. Porque YO SOY fiel. Y el que me ha enviado es fiel. Y vuestros corazones son fieles. Y, por lo tanto, estamos sellados en la gran cualidad de la fe, como uno. ¡Y no aceptaremos un no por respuesta!

Sin embargo, amados, hay almas de luz a quienes no proporcionaremos esta protección simplemente porque no se alinean con el Hijo de Dios, con la Presencia YO SOY, y no pronuncian el llamado. Benditos corazones, la invocación es la alquimia sagrada en la Tierra. La invocación, precisamente. Podéis tener una Presencia YO SOY, un Ser Crístico y una llama trina. Pero debéis hacer la invocación. Es la ley de las octavas que no puede quebrantarse.

¡He aquí, Yo represento a la Gran Hermandad Blanca! He aquí, yo defiendo al devoto de la luz.

YO multiplico mi cuerpo y mi presencia electrónica y mi espada llameante
para todos aquéllos que los invoquen
a diario y a cada hora,
y sabed que somos uno. ¡Somos uno!

Sois tan importantes para Dios que debéis vigilar, orar y asegurar vuestra protección física, así como la de vuestras familias, vuestros hijos y vuestra comunidad

Amados corazones de luz, el aumento de nuestras tropas de devotos del fuego sagrado no ascendi-

·dos sólo puede significar una gran fortificación en la Tierra, encaminada a la protección de la acción correcta y de la virtud.

Por consiguiente, **el sabio busca la montaña santa de Dios y al sanctasanctórum de su Presencia YO SOY**, y permanecen en guardia. Ésta es la primerísima lección de los ángeles de nuestras bandas y de quienes desearíais servir con nosotros a niveles internos. Habéis oído las palabras: «Los tontos se precipitan adonde los ángeles temen pisar». Hasta que no sepáis invocar con firmeza y seguridad (la protección espiritual en los planos físico, emocional, mental y etérico) y no estéis seguros de que lleváis puesta la armadura de los ángeles del primer rayo, no vayáis alegremente a lugares de oscuridad.

Comprended, por ello, que cuando establezco los requisitos y restricciones para aquéllos que están a nuestro servicio, lo hago para los que marcharán con las legiones de la Luz a niveles internos, quienes deben conocer la protección máxima. Porque ésta es la acción de las legiones del primer rayo y de las legiones de Astrea, de El Morya y de Lanello para descender a los lugares más oscuros del plano astral, incluido el infierno mismo. Os digo, amados corazones, que **debéis tener un propósito dirigido**, ya sea que estéis despiertos o dormidos, si habéis de formar parte de esta extraordinaria banda de portadores de luz.

Deseo que mantengáis esa cuidadosa vigilia del vigilante de la noche para asegurar la protección mediante el llamado. En respuesta a ese llamado, os suministraremos dicha protección, la cual es necesaria para toda alma de luz en la que nuestras bandas se han fijado para que forme parte de aquéllos que nos seguirán.

Voy con vosotros a fin de que adquiráis un conocimiento que os haga diligentes en lo externo para no ir a aquellos lugares adonde no deberíais ir, para adoptar la precaución y adquirir la comprensión de que sois tan importantes para Dios que debéis vigilar, orar y asegurar vuestra protección física, así como la de vuestras familias, vuestros hijos y vuestra comunidad.

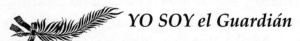

YO SOY el Guardián

Te pido que me llames a mí personalmente para la protección de tu vida, de tu alma y de tu familia, con el fin de que te encuentres en el lugar correcto y que todas las cosas que estén cambiando en tu vida en este momento se encaminen hacia la unidad con nuestras bandas cuando llegue el momento crítico.

Éste es el llamado a los ángeles, una dedicatoria de la vida y una renovada dedicatoria de tu corazón: *YO SOY el Guardián.*

No permitas que esta frase deje de salir de tus labios. Puesto que, amados corazones, hay circunstancias (relacionadas con los agricultores, con los estudiantes de esta nación, con las ciudades y sus gobiernos, con la educación, y con muchas otras áreas) en las cuales, si se pierden el criterio de justicia y los valores morales del Señor Nuestra Justicia, será muy difícil para el Consejo de Darjeeling restaurar la protección de los corazones justos.

Te pido que pienses con claridad e intrepidez acerca de todos estos aspectos de tu vida y que comprendas verdaderamente que nosotros no predecimos el cataclismo, la guerra o el colapso en un sentido de repentina destrucción física. Nuestra advertencia tiene por objeto que estés protegido en el más pleno sentido de la palabra, y confiamos en que nunca necesites esta protección. Sin ella, eres vulnerable. La fuerza lo sabrá, y te encontrarás en una posición en la que no te sentirás seguro porque no te habrás ajustado el cinturón de seguridad de tu vida.

¡Venid, Elohim! Mediante la luz de la llama zafiro de la voluntad —de un azul zafiro—, mediante la acción de la voluntad de Dios, yo uso el zafiro de mi corazón como matriz para enviar un intenso rayo de protección a todos y cada uno de los corazones, almas, mentes y cuerpos cuya fidelidad al Señor Dios Todopoderoso se expresa a través de servicio directo y amoroso al Señor Jesucristo, a sus niños, a los suyos que son sus discípulos y a la protección de la vida en la Tierra.

¡Yo envío el rayo de mi corazón a todos aquéllos quienes forman parte de las legiones del Arcángel Miguel, a quienes lo quisieran ser y a quienes lo seguirían siendo! Envío ahora un rayo para la precipitación de una armadura alrededor vuestro de color plateado claro, aunque no está hecha de plata sino de un metal de luz fundida que no se usa en este planeta. Tiene el color del oro blanco y consiste en un mecanismo que coloco sobre los que habéis seguido dando vuestros llamados a mí diariamente, año tras año, y a los que comenzaréis a darlos: cuarenta llamados al Arcángel Miguel, todos los días, al amanecer o a la medianoche, cuando nuestras legiones salen para el cambio de guardia, para detener a las fuerzas de la noche, que están en el plano astral, o a aquéllos dispuestos a robar a los hijos de la luz la energía del amanecer.

Recibís, ahora, por ropaje, la armadura brillante de mis legiones. Os sello en ella. Es una armadura perfecta. La pureza de corazón la mantendrá en perfecto estado. Y a medida que trabajéis a diario para eliminar debilidades, vuestra armadura se irá fortaleciendo desde el interior. Así es como empuñaréis con nosotros vuestra poderosa espada, la cual reluce como la espada de Excálibur. ¡Nuestras legiones os entrenarán, hasta que os veáis convertidos en adeptos —cada vez más—, en el uso del relámpago azul para detener toda forma de oscuridad que persiste sobre la Tierra!

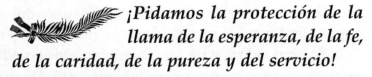

¡Pidamos la protección de la llama de la esperanza, de la fe, de la caridad, de la pureza y del servicio!

Hemos oído el llamado de la Madre para que os alistemos en nuestras legiones y, por nuestra parte, ya hemos actuado con diligencia y prontitud: os hemos emplazado para uniros a nuestras legiones de luz; reclutados, pues, por nuestros capitanes. Y aquéllos quienes se han incorporado movidos por una entrega voluntaria a la fe, han sido ciertamente ungidos en nuestro retiro y ya han recibido sus primeras lecciones durante las horas en que sus cuerpos físicos están descansando.

Os ruego que pidáis protección para todos los que conocen el camino y quizá sean indulgentes consigo mismos al entregarse a una forma de vida en la que sólo se preocupan de lo suyo, o puede que, abrumados por la desesperación, exclamen: «Total, ¿para qué? Lo he intentado una y otra vez. Debería seguir adelante y mantener a salvo a mi familia y a mí mismo para salir de ésta».

¡Pidamos la protección de la llama de la esperanza, de la fe, de la caridad, de la pureza y del servicio! Llamemos a todas las legiones de ángeles y a los siete poderosos arcángeles para que protejan a la gente que puede salvar esta nación.

He venido a establecer una espiral y un impulso que no se podrá hacer retroceder

He venido a alistaros a nuestro servicio y a pedir que intercedáis con las oraciones más especiales e ingeniosas pidiendo una mayor protección para los santos inocentes. He venido a establecer una espiral y un impulso que no se podrá hacer retroceder. He venido porque os amo.

Cientos entre vosotros os habéis salvado de un accidente o de la muerte porque me habéis invocado

He venido para proteger todos los niveles de vuestro ser, el cuerpo físico y también su salud, así como el equilibrio del cerebro que es el cáliz de la mente superior. He venido para proteger la ascensión a Dios de vuestra alma al concluir esta encarnación.

Junto a incalculables legiones de ángeles bajo mi mando, **YO SOY el primer defensor de vuestras almas, de vuestras familias, de vuestro sustento, de vuestros negocios, de vuestras comunidades, de los niños y la juventud del mundo y de las naciones de la Tierra.**

No lo digo para «venderos» mi servicio, amados, pero debo deciros que puedo señalar en este momento a cientos entre vosotros que os habéis salvado de un accidente o de la muerte porque me habéis invocado y porque mantuvisteis abiertos los canales hacia mí y hacia mis legiones, y a través de ellos pudimos traspasar el velo, como así fue, para salvaros de peligros en mar y tierra.

En un momento de crisis o de peligro, debéis extraer de vuestra aura la energía acumulada de los llamados que me ofrecisteis. Y debéis enviar esa protección a aquéllos que conocen la verdad y la defienden, que aman este país y su patria hasta tal punto que no consideran un sacrificio la dedicación de toda su vida a la causa de la verdad. Se trata de los soldados cristianos del Señor, del fiel y el verdadero, de Jesucristo.

Recordad todo esto, amados, y sabed que, con el Arcángel Miguel, con los siete arcángeles, con los siete chohanes y con el Consejo de Darjeeling, tenéis una oportunidad tremenda.

Así pues, benditos, mediante el poder del gran Cuerpo Causal de Fe, os sello. Lo hago con la llama de

mi corazón, y os garantizo vuestra protección si no de-
jáis de llamarme recitando mis decretos por lo menos
veinte minutos cada día.

Decreto de Protección

San Miguel delante, San Miguel detrás,
San Miguel a la derecha, San Miguel a la izquierda,
San Miguel arriba, San Miguel abajo,
San Miguel, San Miguel, dondequiera que voy.

¡YO SOY su amor protegiendo aquí!
¡YO SOY su amor protegiendo aquí!
¡YO SOY su amor protegiendo aquí!

Afirmaciones de Protección

YO SOY la protección de la Luz

YO SOY la armadura de la Luz y la plena
protección de la Ley

VOLUNTAD

FE

PROTECCIÓN

VOLUNTAD

LIDERAZGO

FORTALEZA

VALENTÍA

OBEDIENCIA

PODER

VOLUNTAD

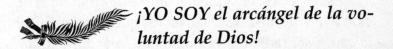 **¡YO SOY el arcángel de la voluntad de Dios!**

¡YO, Miguel, estoy aquí! ¡YO SOY el arcángel de la voluntad de Dios! ¡Y cumpliré esta voluntad desde ahora hasta la eternidad: hasta que cada hombre, mujer y niño en este planeta y en este sistema de mundos hayan ascendido en la luz y sean libres!

Ésta es mi promesa, éste es mi voto, éste es mi servicio día y noche. ¡Y YO SOY el guardián de la luz que hay en vuestro interior!

Si la voluntad en la Tierra aumenta, la era dorada puede acelerarse

¡Somos las legiones de la luz! Y nos encargamos de entregar la poderosa voluntad de la llama azul. Es la voluntad de Dios: la voluntad del Padre, manifestada en el Hijo, multiplicada por el Espíritu Santo, abrigada en el corazón de la Madre. **Es la más ofensiva y, de todas las vibraciones de la luz, la que más oposición tiene**.

Si los hijos de la luz dejan de lado la voluntad de Dios, se les cortará la fuente de poder que los alimenta. Porque donde no está la voluntad de Dios, no está el poder. De modo que destruir la lealtad que los hijos de Dios profesan a la santa voluntad divina es una conspiración para sacarles la luz misma y la fuerza vital que tienen con objeto de seguir en la gran marcha hacia el autoperfeccionamiento.

Fijaos, pues, en aquéllos que se apartan de la devoción a la voluntad de Dios, en los que se rebelan contra la causa sagrada. Observaréis que, más tarde, pierden el temple. ¡Pierden entusiasmo y les bajan los ánimos! Pierden la luz activa de la Divinidad, y no son capaces de llevar a cabo aun sus principales objetivos para combatir a la Luz. Oh, sí: pueden aparentar, durante una hora o un ciclo, tener poder. Pero se trata de la negación misma del poder, la antítesis de lo que ellos niegan. Y cuando se ha agotado, se ha agotado.

A menudo, cuando entro en una sala donde hay personas reunidas en oración, mi presencia se convierte en una espada que genera conflicto entre los presentes porque actúa como un imán que atrae y pone al descubierto sus rebeldías internas en contra de la voluntad de Dios, lo que hace que no puedan seguir estando de acuerdo unos con otros por más tiempo o ni siquiera mantener un círculo de fuego bajo la luz del Salvador.

Comprended, entonces, lo que esto significa. Quienes Le rinden culto por deferencia a su propia voluntad humana y a su conveniencia, **quienes no pueden contener la voluntad de Dios, pierden así nuestra protección**. No podemos sostener un campo energético de protección suficiente alrededor de aquéllos que niegan la voluntad misma, la cual es la esencia de la que emana la protección.

Todo ello preocupa al arcángel del primer rayo, a todas nuestras legiones y a todos los refuerzos de Sirio, quienes se movilizan con los grandes equipos de conquistadores. Porque, amados corazones, estas circunstancias que he mencionado, son todas y cada una la perversión del primer rayo de la santa voluntad de Dios en su máxima intensidad. Y más allá del uso incorrecto de esa santa voluntad se encuentra el mal uso del núcleo de fuego blanco de la llama de la voluntad divina. De modo que, al volver del revés el fuego azul y la blanca pureza, toda la fuerza siniestra ha intentado burlarse de la voluntad del Padre, del Hijo, del Espíritu Santo y de la Madre.

Os diré, amados corazones, que **la alquimia de la llama violeta debe reforzarse mediante la voluntad de la llama azul**.

Yo envío mi luz. Envío mi espada en una poderosa acción liberadora, para que vosotros también podáis conocer el regalo de Omega. Mis legiones acampan en los alrededores de cada uno de vosotros. Hay una gran expansión. Esta expansión en el ojo esférico de Dios permite a cada uno de vosotros gozar del espacio cual cuerpos estelares y disfrutar con bandas y bandas de ángeles de la llama azul que os rodean a cada uno mientras revolotean, dando vueltas a vuestro alrededor, y descubren puntos de contacto dentro de vuestro cuerpo estelar con el fin de incrementar la frecuencia de la voluntad de Dios.

Que toda conversación sea sagrada. **Poned vuestra atención, por tanto, en pensamientos dirigidos a cómo acrecentar la voluntad de Dios**. Porque si la voluntad en la Tierra aumenta, ello significará que la libertad también puede incrementarse y que la era dorada puede acelerarse.

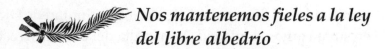

Nos mantenemos fieles a la ley del libre albedrío

Puede ocurrir que nuestro conocimiento no tenga límites. O que seamos capaces de entrar en el corazón inmaculado de la Madre Universal. Mas nos abstendremos de hacer conjeturas sobre las consecuencias de las decisiones personales del individuo porque nos mantenemos fieles a la ley del libre albedrío para la victoria de todas las evoluciones de la Tierra.

La voluntad divina está por todo vuestro ser del mismo modo en que la bóveda celeste cubre y rodea todo el planeta

Que aquéllos que no hayan tomado una resolución con respecto a la voluntad de Dios y al proyecto original interno me escuchen. Porque YO SOY Miguel, Príncipe de los Arcángeles, y he estado con vosotros desde el principio. Desde el principio mismo YO SOY el Arcángel Miguel, Servidor del Dios Altísimo y donde yo estoy está el YO SOY EL QUE YO SOY.

Que los que entre vosotros transigen, dan respuestas ambiguas o se convencen a sí mismos de que están haciendo la voluntad de Dios y al mismo tiempo niegan nuestra primera causa y a nuestros mejores servidores, entiendan esto: que la vibración del azul verdadero nunca puede fingirse ni disimularse. Nunca puede confundirse, amados. Ya sea que la tengáis o no.

Benditos, muchos se han acostumbrado tanto a explicarse continuamente que lo que hacen es convencerse a sí mismos de que están centrados en la devoción a la voluntad de Dios y orientados hacia ella, cuando, en realidad, el compromiso con el Espíritu del Dios viviente puede leerlo en el aura, en el campo electromagnético de tales individuos, el ángel o el elemental más pequeño. ¿Por qué, entonces, no lo leéis vosotros mismos?

Ojalá que conozcáis la eficacia y la plenitud del llamado a la voluntad de Dios y la protección que esta voluntad proporciona. Ojalá pidáis que se manifieste el proyecto original interno. Y ojalá estéis preparados para luchar contra la falsa jerarquía y sus hordas de la noche quienes vienen a aumentar dentro de vosotros la resistencia residual a la voluntad de Dios en el ámbito de vuestra vida.

Nadie necesita revelaros esta voluntad, porque está escrita en vuestro interior por ser la ley de Dios, y vuestra presencia YO SOY os imbuye de esa voluntad, con cada uno de sus latidos, a través del descenso mismo de la Luz por el cordón de cristal. La voluntad de Dios está ahí, pero la psique y el subconsciente han optado por crear barreras entre el conocimiento interno y la voluntad divina, la cual está por todo vuestro ser del mismo modo en que la bóveda celeste cubre y rodea todo el planeta.

Benditos sois los que moráis en el corazón diamantino de Morya y meditáis en el diamante de la voluntad de Dios que él protege. Benditos sois aquéllos que abrazáis la fe, sabiendo que es la esencia de las cosas que se esperan y la evidencia de las que no se ven.

¡Desterrad la duda! Yo os digo: es la enemiga de vuestra victoria segura. ¡Desterrad el miedo!, os digo, porque éste desplaza todo amor por la santa voluntad de Dios.

Las legiones del primer rayo se unen por lo tanto a las del séptimo porque estamos decididos a ser instrumentos para la transmutación planetaria llevada a cabo por la llama violeta y para que sean atadas mediante el círculo cósmico y la espada de llama azul todas las situaciones de abuso del primer rayo de la voluntad de Dios, y procuramos que, según los fieles y verdaderos y el Hijo del Dios Universal, quienes han abusado del poder, de la perfección, de la voluntad del primer rayo, sean llevados a juicio y su mano sea detenida para evitar cualquier abuso de lo que ha venido a través del corazón diamantino de Morya.

Los que se sienten felices en el rayo azul son aquéllos que han hecho las paces y han tomado una resolución con la voluntad de Dios. Porque han visto que, una vez que el mismo Señor Dios les ha llamado y elegido, lo mejor es tener en cuenta esa bendición, estar agradecidos y moverse con el viento del Espíritu Santo de la voluntad de Dios.

No siempre es fácil reconocer al yo irreal, al espíritu del orgullo del intelecto o al ego humano. No obstante, amados, en el sendero del discipulado, que es el que se os está proporcionando, contamos con las victorias de muchas almas quienes han hecho la ascensión y han escuchado cuando se les ha dicho que su servicio tenía que ser el pretexto para la entrega total a la voluntad de Dios. Y cuando se le ha permitido a esa llama divina interna dejar a un lado la conciencia humana de forma que se han mostrado prestos a escuchar, benditos, tal corrección, de otro lado necesaria, ha sido el punto decisivo que les ha hecho entrar en el sendero de la ascensión y vencer.

Dirigimos nuestra atención hacia lo que es la voluntad de Dios para todos: Iluminación del Cristo universal. Que se entienda, amados, que cuando la alegría de la voluntad de Dios sea la base de vuestra vida y cuando conozcáis esa voluntad tal como Morya la ha enseñado —para toda fase y área de actividad, comportamiento y psicología—, avanzaréis y abrazaréis la mente de brillo diamantino de Dios.

Os saludo, amados, en la victoria de la llama divina. Os saludo desde el patrón original interno de la vida.

YO SOY Miguel. Y respeto a quienes respetan la ley de la santa voluntad de Dios y mis legiones sirven a aquéllos que cumplen esta voluntad.

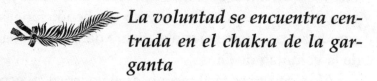

La voluntad se encuentra centrada en el chakra de la garganta

Yo entrego ahora a vuestros corazones una llama que se eleva, una llama que sube al centro del chakra de la garganta —es decir, a la voluntad de Dios—, el chakra de dieciséis pétalos donde esta voluntad se encuentra centrada. Amados del Sol Central, YO SOY EL QUE YO SOY. Yo estoy en la presencia de vuestra poderosa Presencia YO SOY, quien os envía en este día un claro rayo de luz para la aceleración del poder de la palabra en vuestro interior por medio del Espíritu Santo.

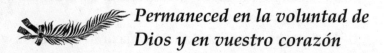

Permaneced en la voluntad de Dios y en vuestro corazón

Defended todos los niveles y procurad que el pueblo de Dios que debe liberar a la Tierra sea él mismo conducido a una alineación con la santa voluntad interna por mediación de los llamados que me habéis enviado.

Benditos, conozco el significado del sacrificio y de la victoria. Conozco el significado de la entrega a la voluntad de Dios y de Su Presencia conmigo. Conozco el significado de Su amor y sé que Él satisfará la necesidad de quien va hacia adelante por el mejor camino, por el que es más elevado, por uno que está mucho más allá de la máxima esperanza del amor perfecto. No temáis que al dejar atrás el antiguo camino y el viejo sendero seáis despojados del amor. Un nuevo amor de primavera os espera, una nueva alegría de comunión y un nuevo amanecer.

La voluntad de Dios es buena. La voluntad de Dios os liberará. Sólo tenéis que permanecer en ella y en vuestro corazón, haciendo que vuestras percepciones sean verdaderamente del corazón. Que el ojo de la mente sea la percepción de la visión.

Mantened vuestra identidad y vuestra integridad. Que nada os saque de esta unidad de Dios aquí y ahora. Estad alerta. Estad en guardia.

Los ángeles de la llama azul están por toda la Tierra

¡Esperad milagros! Porque las huestes del Señor están listas para entregarlos ahora mismo.

Hemos venido, por tanto, para que podáis experimentar el contacto con nuestra aura, con nuestra presencia y con decenas de millares de brillantes y llameantes ángeles azules de la voluntad de Dios. Nuestros ángeles están al servicio de cada maestro ascendido, de cada chela no ascendido, de la divina Madre María y de todos quienes sirven a la llama de la Madre. Estos ángeles de la llama azul están por todas partes en la Tierra. Son, en verdad, seres poderosos; y, sin embargo, se ven en la imposibilidad de interceder a menos que se ofrezcan oraciones e invocaciones.

La Ley responde mientras el llamado mantenga las alianzas con nuestro Dios

Oh amados, buscad más allá del velo de los logros materiales. Y sabedlo por el corazón de un arcángel, el cual os enviará en respuesta a vuestro llamado el poder de la voluntad de Dios, así como el poder curativo de la misma, para que podáis pedir el éxito material y éste se os dé. Porque la Ley responde mientras el llamado mantenga las alianzas con nuestro Dios a las cuales estamos vinculados.

Así sea, pues, que al confirmarse la voluntad de Dios sepáis que como Dios ha ordenado, también vosotros la confirmaréis. Como es arriba en la envoltura etérica de vuestro ser, que ahora se confirme abajo en los átomos físicos a través del llamado: el decreto, el mantra y el himno de adoración.

Llevamos a cabo la ejecución del plan divino

Yo llevo el viento del Espíritu Santo para avivar el fuego de la fe en vuestro corazón y la dedicación a la voluntad de Dios, así como la comprensión de que algunos de vosotros que son carne y hueso, por así decirlo, están aún en la oscuridad, esperando todavía vuestro poderoso arco, para afianzar esa energía de la victoria, de determinación divina que va desde vuestra Presencia YO SOY hasta la llama de sus corazones.

Por lo tanto llevamos a cabo la ejecución del plan divino. Y saludamos a quienes siempre habéis respondido a la voluntad de Dios y os habéis aplicado con gran determinación divina para realizar ese plan divino.

La explosión de fuego desde el mismo corazón de Dios es la manifestación de la buena voluntad

Los ángeles del fuego azul y el rayo blanco hacen resplandecer entre vosotros el poder de Dios Todopoderoso, el poder de la santa voluntad, el poder de la fe. De modo que la explosión de fuego desde el mismo corazón de Dios, que aparece para defender la imagen inmaculada de la conciencia crística en vuestro interior, es la manifestación de la buena voluntad.

¡Salve, oh serafines! ¡Salve, poderosos querubines! Puesto que YO SOY la percepción llameante de ese potencial divino que se agita en vuestro interior y que bendice a todo el cuerpo planetario con la santa acumulación de energía de la voluntad de Dios.

No podemos protegeros en nada que se manifieste ajeno a la voluntad de Dios

Os lo garantizo. YO SOY el garante de vuestra protección siempre y cuando me invoquéis a diario. Estos llamados, amados, deben servir para alinearos con la voluntad de Dios. Porque debéis escuchar y saber esto: no podemos protegeros en nada que se manifieste ajeno a la voluntad de Dios.

Cuando se reconozca la unión de la luz, una convergencia de ideas creará la confluencia de poder y de energía espirituales

Es la voluntad de Dios que se expulse del hombre la copa envenenada que él mismo ha creado y se dé a la Tierra el cáliz de comunión de la universalidad, el cual mostrará a cada mónada individual que su fortaleza reside en la unión. Sin unión y sin los propósitos cósmicos de donde la verdadera unión brota, los hombres de cierto divergerán en pensamiento y obra. Cuando se reconozca la unión de la luz por lo que puede hacer por ellos, una convergencia de ideas creará la confluencia de poder y de energía espirituales, un depósito de

fortaleza en la cual todos los que están comprometidos
con la batalla por la luz podrán renovarse a sí mismos.

Contemplad ahora a los siete arcángeles

Nos ponemos ahora en contacto con los portadores de luz que son uno con la conciencia crística, uno
con la llama trina de amor, sabiduría y poder.

Los que formáis la cadena de la jerarquía entre las
evoluciones no ascendidas de Dios, contemplad ahora
a los siete arcángeles, sus túnicas blancas, que se dis-
tinguen por las cintas de los siete rayos, la mía de un
brillante azul zafiro que focaliza la protección y la perfección de la voluntad de Dios en el primer rayo.

Dios os ha dado individualidad para que penséis y actuéis por vosotros mismos

Jamás debe haber una tendencia negligente según
la cual el individuo no sólo desea que Dios tome decisiones por él, sino que también espera que el Altísimo
las lleve a cabo. En el nombre de la razón divina, da-
mas y caballeros de la fe y hombres de buena voluntad,
comprended que Dios os ha dado individualidad con
el fin de capacitaros para que penséis y actuéis por vosotros mismos. Ello no significa que no podáis suplicar
al Divino que os dé a conocer Su voluntad, ni que no

podáis pedir Su amorosa ayuda que de tan buena gana se os da.

En momentos de una fe inquebrantable el hombre puede aferrarse conscientemente a la santa voluntad de Dios

Con la misma certeza con la que la bóveda del cielo azul está sobre nosotros, en momentos de una fe inquebrantable el hombre puede aferrarse conscientemente a la santa voluntad de Dios. Cada vez que el individuo reafirma su fe en lo bueno y en lo real, ese lazo crea un fortalecimiento del vínculo en todo hombre y la firme convicción de que porque Dios es, el hombre es.

Decreto de Voluntad

1. YO SOY la Voluntad de Dios manifestada en todas partes
   YO SOY la Voluntad de Dios incomparablemente perfecta,
   YO SOY la Voluntad de Dios de tanta justicia y belleza,
   YO SOY en todo lugar la generosidad de Dios anhelante.

Estribillo: Ven, Voluntad tan verdadera de llama azul,
   mantenme siempre tan radiante como tú.
   Voluntad de llama azul de la Verdad viviente,
   llama de bondad de la eterna juventud,
   ¡Manifiéstate, manifiéstate, manifiéstate ahora en mí!

2. YO SOY la Voluntad de Dios que ahora asume el mando,
   YO SOY la Voluntad de Dios que hace que todos comprendan,
   YO SOY la Voluntad de Dios cuyo poder es supremo,
   YO SOY la Voluntad de Dios que cumple el sueño del cielo.

3. YO SOY la Voluntad de Dios protegiendo y bendiciendo aquí,
   YO SOY la Voluntad de Dios desechando todo temor,
   YO SOY la Voluntad de Dios en acción bien hecha aquí,
   YO SOY la Voluntad de Dios con Victoria para cada quien.

4. YO SOY el relámpago azul que destella el amor de la libertad,
   YO SOY el poder del relámpago azul celestial,
   YO SOY el relámpago azul que libera a la humanidad,
   YO SOY el poder de la llama azul derramando el bien.

Afirmaciones de Voluntad

YO SOY tu voluntad cumpliéndose así en la Tierra
como en el cielo

YO SOY el poder de la santa Voluntad

LIDERAZGO

FE

PROTECCIÓN

VOLUNTAD

LIDERAZGO

FORTALEZA

VALENTÍA

OBEDIENCIA

PODER

LIDERAZGO

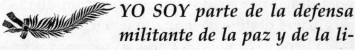 **YO SOY** *parte de la defensa militante de la paz y de la libertad mundiales*

Yo represento a los ángeles del primer rayo y a todos los ángeles de los siete rayos. Amados corazones de luz, mi cargo y ocupación es la protección del cuerpo físico, de la matriz física, de la fe del alma. Y por lo tanto, yo soy parte de la defensa militante de la paz y de la libertad mundiales.

Así pues, el planteamiento que sostengo acerca de la selección de individuos que han de ocupar mis filas proviene de mis objetivos. Como cualquier empleador, *contrataré* a quien desee ver cumplidos los suyos. Por consiguiente, comprended que **las aptitudes básicas para servir conmigo son también las de devoción al primer rayo**. Si deseáis servir con alguno de los otros arcángeles, descubriréis los diversos propósitos de la Santa Iglesia y de la Gran Hermandad Blanca que nosotros representamos, y ya habéis recibido la oportuna preparación a cargo de los siete chohanes de los rayos.

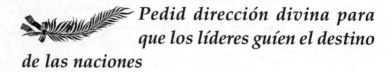

Pedid dirección divina para que los líderes guíen el destino de las naciones

Yo, Miguel, os exhorto a todos y cada uno a que ofrezcáis oraciones para la protección de ésta y de todas las naciones, sus gobiernos y su gente, para que los líderes mal preparados tengan dirección divina a fin de guiar el destino de las naciones en esta década y en la siguiente. Por nuestra parte, ya tenemos preparado el trabajo que nos toca, amados, porque sabemos que **a menos que estemos allí y a menos que nos invoquéis, los líderes no estarán capacitados para cumplir con su tarea de hacer frente a la crisis que aún está por venir sobre la Tierra.**

Sabed, pues, que nos hemos aparecido a muchos, y, en el momento en que la gente reconozca que sus gobernantes son incompetentes, que les fallarán una vez más, porque simplemente no tienen la visión, la Luz o la habilidad de lidiar con la gran oscuridad, esas personas dirigirán entonces su confianza hacia los ángeles de la luz y las huestes del Señor, quienes incluso se volverán entonces más visibles para que la humanidad pueda conservar la esperanza.

Deseamos salvar la Tierra por vuestra carrera, por vuestro futuro como hijos de Dios, por los gobernantes de esta nación, ¡por vuestros hijos y su porvenir!

Ni siquiera percibís que la falta de liderazgo manifiesto que padecéis es por una cuestión de indecisión, al encontraros en la situación de no saber si moveros en una dirección u otra cuando vais a dar un paso, a hablar o hacer algo. Y es así como el miedo os somete, como si fuerais conejos asustados.

Yo, el Arcángel Miguel, estoy de pie frente a vosotros. No para juzgaros sino para imploraros y suplicar con vosotros. Deseamos salvar la Tierra por vuestra carrera, por vuestro futuro como hijos de Dios, por los gobernantes de esta nación, ¡por vuestros hijos y su porvenir! Deseamos que seáis todo lo que sois. Deseamos veros ocupando los cargos del gobierno y de la economía donde podáis decir la verdad, y la verdad en sí misma vencerá a la mentira.

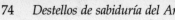 *¡Superaréis cualquier obstáculo puesto a la juventud del mundo porque estáis decididos, porque sois almas dotadas de visión!*

YO SOY el defensor del Cristo en vosotros, ese Cristo victorioso que no sólo marcha a través de las colinas de las naciones, sino que camina sobre las aguas. Si colocáis todas las cosas debajo de vuestros pies, podréis vencer. Y yo declaro: ¡superaréis cualquier obstáculo puesto a la juventud del mundo porque estáis decididos, porque sois almas dotadas de visión!

Quienes ocupan cargos en los gobiernos y en la economía tienen la oportunidad de elegir a quién van a servir

Comprended, amados corazones, que este planeta carece de verdaderos representantes del pueblo, en la economía y en el gobierno de todas las naciones, porque ¡han suspendido sus exámenes en Luxor, en Darjeeling, en Banff y en Yosemite! Han rehusado doblar la rodilla y apropiarse de la magnífica instrucción de Saint Germain sobre gobierno divino.

Así es que a todos les llega el momento, por lo que debéis entender que, con respecto a aquéllos que ocupan algún cargo en este planeta, ya sea más o menos elevado, el hecho de que tengan forma y manifestación físicas significa que se les debe dar la oportunidad de

·elegir en este día a quién van a servir, de elegir al Cristo viviente y la palabra viviente.

Entended, amados corazones, que esta elección puede que sea conocida por nosotros de antemano, pero no predeterminada. **No existe karma, astrología o acción pasada que nos permita juzgar al individuo**.

Exigimos, en consecuencia, que os deis cuenta de que hay que desafiar a los usurpadores de la luz del primer rayo; es decir, a todos aquéllos quienes están decididos y comprometidos con el uso de cualquier forma de luz que tengan a su disposición, para reemplazar al gobierno divino y a la economía divina.

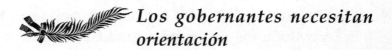
Los gobernantes necesitan orientación

Que todos presten atención. Este gobierno, en el momento actual, está siguiendo una línea defensiva, pero se necesita una gran orientación porque hay una oposición enorme hacia aquéllos que ocupan los cargos responsables de la toma de decisiones. Debe entenderse y verse con claridad que esta población ha de ser defendida de una guerra nuclear y que debe haber una máxima defensa civil que resulte adecuada para la protección de esa gente.

La meta actual es conducir a esta nación a la renovación del propósito sagrado

Esta nación de Dios, de la gente, por la gente y para la gente, es mucho más que la mera esencia de sus líderes y de los ángeles caídos. La fortaleza, el honor, el propósito, la integridad interna, aun de aquéllos que temporalmente han sucumbido a la cultura mortífera de las drogas, están todavía presentes y cabe que se recuperen. Además, las alas curativas del Espíritu Santo pueden descender.

La sabiduría debe entrar en acción. La iluminación debe entrar en acción. La reunión por el estandarte del santo propósito, la habilidad de conducir a esta nación a la renovación del propósito sagrado, es la meta actual. Pedimos, pues, la elevación de los hijos de Dios para cumplir esta necesidad urgente.

Los individuos han de ser conscientes de su identidad nacional, de su destino como defensores de la libertad. Y deben comenzar con los pasos más elementales para comprender qué es la libertad, qué es el fuego sagrado y cuál es su responsabilidad.

La gente no sabe lo restringida que está su libertad. Yo os digo, ¡decídselo! Invocad a las huestes del Señor, recitad decretos dinámicos. Informad a los pueblos y a las naciones. Informadles mediante el mensaje y el entendimiento. Porque con éste, que no es transmitido por vosotros sino por el Espíritu Santo actuando a través de vosotros, llega la iluminación y lo hace con una fuerza tan prodigiosa que permite sacudirse la ignorancia de esas décadas de degeneración y declive.

Tal situación, no obstante, puede cambiarse. La marea puede evitarse. Pero os digo que **hace falta la intercesión de los arcángeles**.

Decreto de Liderazgo

1. San Miguel, San Miguel,
   invoco tu llama,
   ¡libérame ahora,
   esgrime tu espada!

Estribillo:
   Proclama el poder de Dios,
   protégeme ahora.
   ¡Estandarte de fe
   despliega ante mí!
   Relámpago azul
   destella en mi alma,
   ¡radiante YO SOY
   por la gracia de Dios!

2. San Miguel, San Miguel,
   yo te amo, de veras;
   ¡con toda tu fe
   imbuye mi ser!

3. San Miguel, San Miguel
   y legiones de azul,
   ¡selladme, guardadme
   fiel y leal!

Coda:
   ¡YO SOY saturado y bendecido
   con la llama azul de Miguel,
   YO SOY ahora revestido
   con la armadura azul de Miguel!

                    (recítese 3 veces)

Afirmaciones de Liderazgo

YO SOY el que viene portando la Luz
para la Victoria de la era

YO SOY la determinación

FORTALEZA

FE

PROTECCIÓN

VOLUNTAD

LIDERAZGO

FORTALEZA

VALENTÍA

OBEDIENCIA

PODER

FORTALEZA

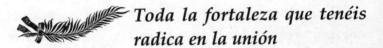 **Toda la fortaleza que tenéis radica en la unión**

En el nombre de mi hijo Micah, recordad la bandera de la Unidad. Porque toda la fortaleza que tenéis radica con seguridad en la unión con vuestra poderosa Presencia YO SOY, con vuestro Santo Ser Crístico, y sobre esta base, con el prójimo.

Cuando reemplacéis las debilidades por fortaleza, ya no habrá lugar para la tentación

Debéis comprender que cuando estáis a salvo, ¡la fuerza no ataca! Eso es así. La fuerza siniestra irá en busca de cada faceta de debilidad de vuestra vida. Y, cuando reemplacéis tal debilidad por fortaleza, ya no habrá lugar para la tentación, no recibiréis más ataques en ese punto vulnerable y ¡la fuerza irá en busca de otro!

¡A la carga! ¡A la carga! ¡A la carga!

Cuando estuve con Juana de Arco en las campañas contra las fuerzas de la oscuridad, le di la fortaleza, el valor y la determinación para seguir adelante cuando todo parecía perdido, cuando todos los que luchaban en el bando de los justos estaban listos para abandonar, para retroceder. Fue entonces cuando le susurré al oído: «¡A la carga!, ¡a la carga!, ¡a la carga!» A continuación ella repitió las palabras y la orden, y todo el poder de mi llama de la fe reunió a las fuerzas de Francia en defensa de la llama de la libertad. Así pues, os transfiero la misma inspiración, el mismo lema. Cuando todo parezca ir mal, nos sintamos abrumados y rodeados de fracaso, es entonces el momento de acordarse de ir ¡a la carga! ¡a la carga! a la carga con luz, para manifestar la victoria del poderoso Víctory y sus legiones.

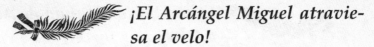

¡El Arcángel Miguel atraviesa el velo!

Os aseguro que estoy con vosotros, e incluso cuando me llamáis, estoy físicamente presente en el lugar. Y digo físicamente porque cargo los átomos y las moléculas de vuestro ser con el mío hasta tal punto que podría decirse que ¡el Arcángel Miguel ha atravesado el velo!

Todo es posible para el Cristo que hay en ti

Todo es posible para el Cristo que hay en cada uno de vosotros, para ese Cristo que os fortalece el alma con el fin de que se eleve día tras día a nuevas alturas de autoconocimiento para superar los esfuerzos y logros del pasado.

Los pobres de espíritu son bendecidos

Comprended, así, que hay seres espirituales encarnados que tienen un campo áurico de luz más extenso que otros. Sin embargo, los pobres de espíritu son bendecidos, porque ellos también recibirán la conciencia de Dios por un esfuerzo igual al de los otros.

El equilibrio del flujo de Alfa a Omega

El papel que nosotros desempeñamos consiste en limpiar y luego equilibrar vuestros chakras, enfocarlos y fortalecerlos, para que así podáis sostener en los cuatro cuerpos inferiores el equilibrio del flujo de la figura en forma de ocho, que forma una espiral que va del Alfa a la Omega de vuestro ser.

¡Juntos podemos mover montañas!

Pronuncio la palabra del Señor Jesucristo: «Si tenéis fe como un grano de mostaza, diréis a este monte: 'Desplázate de aquí allá', y se desplazará, y nada os será imposible».

YO SOY Miguel. Recordad: ¡Yo puedo mover montañas! Y lo hago con vosotros. Llamadme y pensad qué montaña podemos quitar juntos de en medio todos los días.

¡Vamos a por ello ahora, amados! Estamos listos. Los ángeles están listos.

Bien, me despido porque hay muchas crisis en todas partes. Sin embargo, cuando me llaméis, dondequiera que esté enviaré el rayo de luz blanca y azul para que podáis tener la noticia tranquilizadora de que ¡YO SOY Miguel, Príncipe de los Arcángeles, servidor de Dios y de Su Cristo en todos vosotros!

Decreto de Fortaleza

1. Protección de Luz manifestada,
   Santa Hermandad de blanco,
   Luz de Dios que nunca falla,
   ¡Mantennos siempre en tu visión perfecta!

Estribillo: YO SOY, YO SOY, YO SOY la fuerza
          poderosa de protección,
          YO SOY, YO SOY, YO SOY protegido a cada hora
          YO SOY, YO SOY, YO SOY la poderosa
          cascada de perfección
          ¡manifestada, manifestada, manifestada!

2. San Miguel, poderoso y verdadero,
   protégenos con tu espada azul.
   ¡Mantennos centrados en la Luz
   de la brillante armadura resplandeciente!

3. Destella tu espada de fe alrededor,
   poderosa fuerza de la gracia sagrada.
   ¡Por siempre YO SOY invencible protección
   que emana de tus rayos deslumbrantes!

Afirmaciones de Fortaleza

YO SOY las energías y el espíritu del
Arcángel Miguel

YO SOY la fortaleza

VALENTÍA

FE

PROTECCIÓN

VOLUNTAD

LIDERAZGO

FORTALEZA

VALENTÍA

OBEDIENCIA

PODER

VALENTÍA

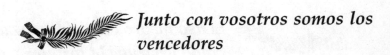 ***Junto con vosotros somos los vencedores***

Amados, podéis contar con nosotros. Estamos a vuestro lado. Y junto con vosotros somos los vencedores. ¡Enfrentaos con el enemigo y con el desafío! ¡Afrontad la prueba! ¡Afrontad la persecución! ¡Enfrentaos con todo lo que ellos utilizarán para molestaros tanto a vosotros como a nuestros mejores servidores!

Recordad que algunos mejores que vosotros han sufrido mucho más.

¿Ni siquiera vais a probar el cáliz de la última cena?, cuando él dijo: «Y os digo que desde ahora no beberé de este producto de la vid hasta el día aquel en que lo beba con vosotros, nuevo, en el Reino de mi Padre.»

Así, la copa de dolor precede a la de alegría.

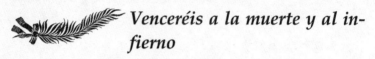

Venceréis a la muerte y al infierno

Gracias a la llama misma de la valentía que Dios ha implantado en vuestro corazón en el nombre del Señor Cristo, venceréis a la muerte y al infierno. Una y otro deben ser arrojados al lago de fuego. De manera que la comprensión del sendero de iniciación y del discipulado, como manifestación misma del servicio a la nación propia, debe empezar a destacar en los corazones del pueblo de Dios.

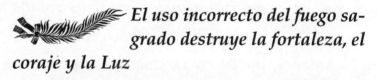

El uso incorrecto del fuego sagrado destruye la fortaleza, el coraje y la Luz

Las drogas producen pasividad. La música rock produce pasividad. Asimismo, el uso incorrecto del fuego sagrado destruye la fortaleza, el coraje y la Luz del fuego kundalini. Por consiguiente, esta manifestación de pasividad está presente en todo el cuerpo planetario, y no sólo en la juventud, sino en todos aquéllos que se convierten en el reflejo del infierno al atribuirse altos cargos en los gobiernos de las naciones. Tal medida no trae consecuencias efectivas porque no tienen la acción del fuego sagrado. ¡No está presente en sus cuerpos físicos! ¿Os dais cuenta del dilema, amados corazones?

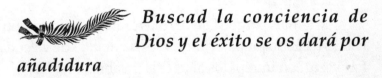 Desprovistos del ser humano y totalmente investidos del ser divino, nunca seréis el blanco en esta octava

Seréis el espíritu de la abnegación, y cuando lo seáis, descubriréis la clave del coraje, del honor y de la valentía de mis legiones. Porque en la abnegación no hay un ser que pueda vivir o morir ya que este ser simplemente es, siempre ha sido y siempre será. Abnegación: desprovistos del ser humano y totalmente investidos del ser divino, nunca seréis el blanco en esta octava.

Buscad la conciencia de Dios y el éxito se os dará por añadidura

Buscad y abrigad la mente de Dios por encima de cualquier otra mentalidad. Buscad, por tanto, amados, un alma que pueda encontrar a Dios cara a cara y tener el coraje, mediante su propia inocencia, de mirar al Amado a los ojos. Buscad primero este reino, que es la conciencia de Dios, la cual nosotros poseemos, y todo lo demás relacionado con el éxito se dará por añadidura. Porque cuando tengáis la perla de gran valor, la piedra blanca y un nuevo nombre que ningún hombre conoce, excepto el Padre, veréis que tenéis un imán interno y toda la buena voluntad vendrá a vosotros. Porque la ley del karma así lo ha decretado.

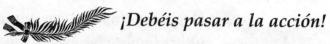

¡Debéis pasar a la acción!

Lo que es verdadero para un arcángel lo es para vosotros. No basta con orar. No basta con decretar. ¡Debéis pasar a la acción! Que se confirme, pues, la acción mediante la palabra y la vida. Y que el poder del ritual divino y de la oración en sí misma sea la fuerza motivadora y el modo mismo de cumplimiento de la transferencia de Luz del Todopoderoso a las circunstancias concretas que estéis viviendo.

¡Sed intrépidos!

No temáis porque Dios es más grande. Todos vosotros habéis recibido preparación y se os ha dotado de valentía y fortaleza. Sed intrépidos al usar la palabra, amados.

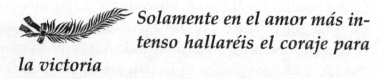

Solamente en el amor más intenso hallaréis el coraje para la victoria

¡Que se cubra el mundo de la Luz de la Libertad, el glorioso Principio del Todopoderoso, que confiere dominio al alma inmortal de Dios cuya llama en los corazones de los hombres es su vida misma! Que esta alma se libere de las trabas y tenga el coraje de hacer, de osar y de permanecer callada para con los niños que no saben, preparada para enseñar, cuando se le pida, la radiante esperanza interna, pero proclamando alabanzas sólo a los que tengan mentalidad parecida.

Oh amados, os reclutamos para que sirváis en nuestros ejércitos de luz. Os alistamos bajo la disciplina de los ángeles de la llama azul. No os olvidéis de dejaros acariciar por el amor, ni de tomar baños de amor líquido a raudales. No olvidéis amar al prójimo porque solamente en el amor más intenso hallaréis el coraje para la victoria.

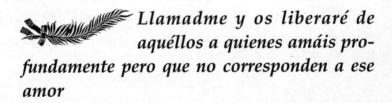 *Llamadme y os liberaré de aquéllos a quienes amáis profundamente pero que no corresponden a ese amor*

El hombre no infinito apenas piensa en asuntos tales como en los hijos servidores, que se han erigido en nobleza cósmica para adornar los cielos con su amor en expansión. Mas éste es el significado de las palabras: «¡Sois Dioses!» que pronunció Jesús, quien tuvo el valor de predicar la verdad cósmica consistente en que toda manifestación de Dios tiene la oportunidad de ser como Dios es, como el Padre es en ellos y ellos están en Él.

Hay momentos en los que tenéis que tomar decisiones que requieren más valentía y convicción que las que jamás hayáis tenido en vuestra vida. Puede que estas decisiones no siempre sean fáciles, ya que en ocasiones conllevan la separación de aquéllos a quienes amáis de verdad. No obstante, deberíais entender que, cuando hayáis hecho todo lo posible, cuando hayáis agotado vuestros esfuerzos por mantener el servicio, la amistad y el amor en nombre de un individuo o de un grupo, y, sin embargo, recibáis el continuo acoso y los ataques de la falsedad y de las energías destructivas, simplemente no tenéis que aceptarlo, ni deberíais pensar en sacrificar los valores morales de los maestros ascendidos por defender a aquéllos que se niegan a ponerse a raya.

Podéis invocarme a mí y a mi espada de llama azul, la cual es una manifestación tangible del fuego sagrado del corazón mismo de Dios, para que os consolemos y liberemos de toda negación o incluso de aquéllos a quienes amáis profundamente pero que no corresponden a ese amor.

Donde ponéis vuestra mano, yo pongo la mía

Dejad que se tema a los valientes en mi nombre por ser hijos de Miguel e hijas de Fe.

Yo os digo que una espada sin usar, polvorienta y oxidada, no os precipitará la protección cósmica procedente de mi corazón. Allí donde ponéis vuestro brazo y vuestra mano, allí pongo yo los míos. Allí donde no los pongáis y no hagáis el llamado, allí puede que yo esté, como un pilar de fuego, pero vosotros estéis fuera de la emanación de mi aura.

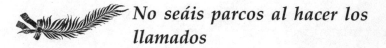 ## No seáis parcos al hacer los llamados

No seáis parcos al hacer los llamados. Porque hay muchas almas honradas y valientes en el frente que están luchando contra la corrupción. Están desafiando a los capos de la droga y a la corrupción en el gobierno y en el mundo de los negocios. Estas almas valientes necesitan que me invoquéis para protegerlas.

Decreto de Valentía

Arcángel Miguel, *¡Ayúdame! ¡Ayúdame! ¡Ayúdame!*
Arcángel Miguel, ¡entra en mi vida!
Arcángel Miguel, ¡*Ata* esta condición ahora y
     ata al enemigo y *libérame* de esta sustancia aprisionada!

(haga aquí su oración personal)
¡Libérame ahora de toda tentación y de toda
     reincidencia y extravío y falta de fe en el poder de
     Dios Todopoderoso para salvar mi vida y darme mi
     victoria en esta encarnación!
Arcángel Miguel, *¡ayúdame! ¡Ayúdame! ¡Ayúdame!*
Arcángel Miguel, ¡entra en mi vida!
Arcángel Miguel, ¡quédate conmigo!
¡Salva a mi niño! ¡Salva a mi familia!
¡Salva a mi nación y *ata* a esos ángeles caídos!
¡Poderosa Presencia YO SOY, aquí estoy, oh Dios,
y YO SOY el instrumento de esos rayos y Arcángeles séptuplos!
Y no me retiraré. Mantendré mi posición.
No tendré miedo de hablar.
Y seré el instrumento de la voluntad de Dios,
     cualquiera que sea.
Aquí estoy; por tanto, ¡ayúdame, oh Dios!
en el nombre del Arcángel Miguel y sus legiones,
¡YO SOY libre de nacimiento y *permaneceré* nacido libre!
Y *no* seré esclaviazado por ningún enemigo
     interno o externo!

Afirmaciones de Valentía

YO SOY la valentía

YO SOY la valentía para permancer firme,
para enfrentarme y conquistar a los caídos,
al mentiroso y la mentira.

OBEDIENCIA

FE

PROTECCIÓN

VOLUNTAD

LIDERAZGO

FORTALEZA

VALENTÍA

OBEDIENCIA

PODER

OBEDIENCIA

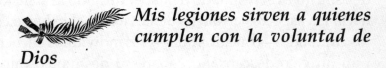 **Mis legiones sirven a quienes cumplen con la voluntad de Dios**

YO SOY Miguel. Yo respeto a quienes respetan la ley de la santa voluntad de Dios y mis legiones sirven a quienes cumplen con esa voluntad.

El libre albedrío es la autoridad fundamental en la vida

Nosotros respetamos el libre albedrío, y en este sentido nos hemos pronunciado de vez en cuando. Por lo tanto, si, al ejercitarlo, elegís tomar el camino descendente de la conciencia humana en vez del camino ascendente de la conciencia crística, es poco lo que podremos hacer por vosotros excepto recoger los pedazos cuando hayáis recobrado la conciencia. Porque nosotros sabemos que el ejercicio del libre albedrío que Dios ha dado a cada individuo es la autoridad fundamental en su vida.

Dirigir la atención hacia los aspectos erróneos de la vida produce fatiga y hastío

Mucha de la fatiga de la humanidad y del hastío de espíritu es el resultado de haber dirigido la atención hacia los aspectos erróneos de la vida, y al haberse éstos cumplido —o incumplido—, los individuos encuentran un velo descansando sobre su destino cósmico, como una nube oscura que eclipsa el sol de su ser temporalmente.

La llama de la obediencia divina se sobrepuso sobre vosotros gracias a la disciplina de los que os precedieron

Cada paso que habéis dado por la libertad constituye la acción correcta que permite corregir toda equivocación cometida por quienes no habéis tenido cerca modelos elevados.

La llama de la obediencia divina descendió. Se sobrepuso sobre vosotros gracias a la disciplina de los que os precedieron, quienes, dentro de la jerarquía, saben qué es lo mejor. Más adelante, por la gracia del Salvador viviente, Jesucristo, hicisteis vuestra esa llama. La llevasteis a vuestro corazón para reparar todo pecado.

Dios, a través de Su hijo viviente, perdona de verdad toda transgresión, con tal que no se renueve ni se vuelva a aceptar. La llama encendida, así, templará ese pecado, porque el fuego quema. He dicho: ¡El fuego quema! Y existe para ser vuestra salvación por siempre jamás.

Recordad la oportunidad y total franqueza con que la libertad se os dio y se os dará nuevamente para que obtengáis la victoria sin confrontación con nosotros, y así tengáis a priori el buen karma que obtendríais más tarde, para que podáis tener la gloria absoluta en vuestro Cuerpo Causal a fin de derrotar al adversario mediante la llama de la obediencia divina que habéis interiorizado por amor divino.

Por lo tanto, la próxima vez que aparezca alguna tentación, recordad mediante vuestra determinación que cuando pronunciáis ante la presencia misma de la tentación: «**¡YO SOY el guardián en el nombre del Arcángel Miguel!**», por medio de este fíat las doce legiones de ángeles asignados al Señor Jesucristo que él tenía el poder de convocar, ¡responderán instantáneamente a vuestro llamado!

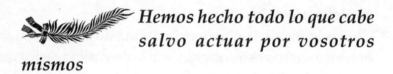

Hemos hecho todo lo que cabe salvo actuar por vosotros mismos

Benditos corazones, no sois de este mundo. El mundo adonde esperáis dirigiros espera mucho de vosotros, más de lo que estáis dando; ya que puede que deis, amados, vuestros recursos y abundancia, y vuestro amor, mas nosotros deseamos veros obedientes a vuestro patrón original interno, a vuestra mente de Dios brillante y diamantina y a la poderosa Presencia YO SOY que está con vosotros. Pero sobre todo, quisiéramos veros en posesión de un sentido de poderosa santidad de Dios entre vosotros y de santidad en presencia de los arcángeles.

Estamos tratando de aceleraros, amados. Pero no podemos hacerlo por vosotros. Hemos hecho todo lo que cabe salvo actuar por vosotros mismos, amados corazones de luz. Debéis daros cuenta y tener conocimiento ahora de ello, porque la majestuosidad invencible de la llama divina está sobre vosotros. Pero no puede descender porque os devoraría, a menos que primero sometiérais esa creación humana a la llama violeta.

Estate tranquilo, porque yo traigo la Luz que es el antídoto para todos los problemas

Recuerda lo que te he enseñado, lo que te he dicho: que si no crees que eres capaz de mover las *montañas* que atacan al planeta, a los niños y a la gente, ¡llámanos! Nosotros, los siete seres cósmicos, vendremos, conquistaremos y obedeceremos el mandato del Cristo Universal.

No peques, no transijas, y verás cómo eres capaz de caminar con nosotros, de hablar con nosotros y de recibir nuestra otorgación de poder cuando pases tus pruebas en nuestros retiros.

¡Aquiétate! Estate tranquilo. Calma tu cuerpo físico, porque te traigo la Luz que es el antídoto para todos estos problemas. Pero, cuidado. Debe haber una continuidad en el sendero de la Luz en la Tierra.

¡No te duermas en los laureles de tu propia satisfacción!

Busca la aceleración y sabe que los arcángeles están capacitados para transmitirte una Luz poderosa. Y, sin embargo, esta presencia del Espíritu Santo ha de ser un punto de iluminación a quien obedecer.

Por lo tanto, escucha la suave voz interior. **Acata los dictados de tu alma y de tu corazón**. Escucha a tu Dios y crea espacios para pensar, meditar, visualizar o simplemente para acallar la mente, «las cosas y más cosas» del exterior que se agolpan sobre ti, hasta que oigas a tu Dios hablándote de tu misión, de tu amor que es de Él y de aquellas cosas a las cuales debes prestar atención para obtener la victoria en el día después, y el siguiente y así sucesivamente.

Sobre todo, no cometas el error de sentirte satisfecho contigo mismo por cómo eres ahora. Te voy a revelar un secreto de los siete arcángeles: ¡No estamos satisfechos de la forma en que manifestamos hoy a Dios, de modo que mañana verás a los siete arcángeles mostrando una renovada manifestación! Nunca somos los mismos, amados, sino que siempre estamos incorporando, encarnando en nuestros magníficos cuerpos de Luz, más de Dios, quien es el Ilimitado.

Sí, amado. ¡No te duermas en los laureles de tu propia satisfacción! Si obedeces hoy mi mandato y el de los otros seis que están de acuerdo conmigo, es decir, el de volverte un adepto, construirás otra espiral de treinta y tres años y verás cómo este Faro alumbrará la Tierra con la luz del amor, y conducirá a todos los hombres, mujeres y niños hacia su poderosa Presencia YO SOY y hacia el poderoso linaje de Sanat Kumara, el Buda Gautama, Maitreya, Jesucristo y Padma Sambhava.

Por consiguiente, amado, **¡sé humilde ante Dios y valiente ante el mundo!** Aprende a diferenciar y reconoce que cada uno ha de pagar el precio por los usos erróneos del fuego sagrado bajo la jerarquía de Capricornio, es decir, por el mal uso del poder.

Decreto de Obediencia

Presencia YO SOY, tú eres Maestro,
¡Presencia YO SOY, despeja el camino!
¡Haz que tu Luz y todo tu poder
tomen posesión aquí y ahora!
¡Infunde maestría de la Victoria,
destella relámpago azul, destella tu substancia!
¡A ésta tu forma desciende,
para que la perfección y su Gloria
resplandezcan y la Tierra transcienda!

Afirmaciones de Obediencia

Yo entrego toda falta de maestría y falta
de control Divino

YO SOY la resuelta devoción al Principio,
a la Ley y a la Madre Divina

PODER

FE

PROTECCIÓN

VOLUNTAD

LIDERAZGO

FORTALEZA

VALENTÍA

OBEDIENCIA

PODER

PODER

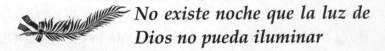 *No existe noche que la luz de Dios no pueda iluminar*

Salve, seres de la Tierra. Yo, Miguel, Príncipe de los Arcángeles, saludo a la Tierra en el nombre del infinito relámpago azul de la protección del Cristo Cósmico.

Vengo mediante el poder de la gracia infinita de Dios para estar entre vosotros y consolaros a través de la perfección de luz resplandeciente del corazón diamantino de Dios.

Benditos y amados, **la infalible luz de Dios está por todas partes.** ¡Mas no es reconocida cuando derrama sus rayos de luz! Permanece desconocida a los ojos de la humanidad, cuando resulta ser ella quien sostiene su vida y hace latir sus corazones. Pero no es así a los ojos de los seres cósmicos, los arcángeles o las huestes angélicas, puesto que nosotros nos inclinamos a cada momento con adoración y agradecimiento por el gran privilegio de ser una parte consciente del poder universal de Dios en total manifestación: la poderosa Presencia YO SOY del universo, el poder del fuego sagrado y la gracia de Dios Todopoderoso manifestada en vosotros.

Benditos y amados, no existe noche que la luz de Dios no pueda iluminar. No existe estado de salud en vuestros cuerpos físicos que la luz de Dios no pueda penetrar. **No existe enfermedad o sustancia densa que la luz de Dios no pueda atravesar con su poder** y, de inmediato, liberar de todas las manifestaciones discordantes e inundar con la absoluta perfección crística en plena manifestación, ¡al instante!

Amados, cuando la mujer tocó el borde de la vestidura de Jesús, fluyó inmediatamente la gloria de Dios y se curó, a pesar de que durante mucho tiempo había tratado de encontrar por otros medios esa curación. El poder de Dios contiene también el poder de la victoria capaz de manifestar en su plenitud una mente sana, aun cuando ésta se haya hallado anteriormente en un estado de conciencia turbio y confuso.

Cuando esos individuos comprendan que este gran poder de la luz —que desciende desde la Presencia divina, la cual está encima de sus cabezas, y la irradia a su alrededor— es como un torrente de luz desde el corazón de Dios, desde su Presencia divina que no puede ser penetrada, de modo que también califiquen así ese muro de luz, os digo que entonces ¡el hombre gozará de una libertad nunca antes conocida!

Yo, Miguel, y otros seres de las huestes angélicas y seres cósmicos, nos unimos con frecuencia en maravillosos tonos de coros cósmicos. De manera que la gran melodía de Dios resuena a través del cosmos y del universo, al cual inunda el gran sonido de la paz, ese sonido de tono mágico del corazón de Dios que habla de amor divino y no conoce el poder de la calificación humana errónea.

¡Os invoco, ángeles del relámpago azul! Mis compañeros en el reino de la luz maestra ascendida y del amor, venid ahora y cargad a estos individuos con el poder del relámpago azul que los liberará de las emociones y sentimientos humanos y de aquellos elementos básicos sobre los cuales no han tenido antes control divino. Que puedan sentir el amor magnífico y trascendente de todo lo que el Padre es. Que puedan sentir las pulsaciones de la llama de amor desde Su corazón. Liberadlos ahora, y bendecidlos con la plenitud de la voluntad de Dios manifestada.

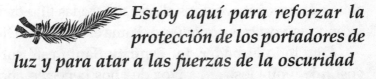

Estoy aquí para reforzar la protección de los portadores de luz y para atar a las fuerzas de la oscuridad

Vengo en esta hora, amados de la Luz, para reforzar en la Tierra ese poder de la llama azul de la voluntad de Dios y la espada de llama azul. Estoy aquí para actuar como refuerzo de los poderosos querubines que guardan el camino del árbol de la vida en este jardín. Y estoy aquí para reforzar la protección de los portadores de luz y para atar a las fuerzas de la oscuridad.

Amados, ¡es vuestro refuerzo! ¡Es el poder de Dios Todopoderoso! ¡Es Su voluntad que nada pueda impedirme hablar en la octava física a través de todos vuestros corazones, a través de vuestras bocas cuando desafiáis a la injusticia! ¿Cómo podéis permanecer callados un día más y permitir que esto continúe?

No retrocedáis cuando veáis que se aproxima el día en que se os exija algo que Dios espera de vosotros

¡YO SOY Miguel y estoy aquí! Y junto al ser cósmico Fe introduzco en ti el poder del Todopoderoso.

Bendita Luz de todas las eras, ¡oye, entonces, la liberación del fuego sagrado! ¡Óyela porque nadie reducirá la emisión de la luz y del poder de esta palabra!

Por lo tanto, ¡oídme! Porque **el poder de la palabra alcanza ahora cada átomo y molécula de tu ser**, ya que has preparado este cáliz para recibir de mi corazón.

Sed, pues, bienvenidos al corazón y a las filas de los arcángeles, vosotros a quien se os llama el pueblo de Dios.

Que todo el poder del Espíritu Santo esté sobre vosotros y que los siete rayos de Dios penetren ahora los siete planos correspondientes a los chakras de vuestro ser. ¡Yo hago que resplandezca la luz y se manifieste ahora! ¡Y ato toda fuerza que esté tratando por todos los medios de reducir el impacto de esta poderosa palabra en cada nación de este planeta y en las profundidades mismas del mar!

No retrocedáis, benditos seres de luz. No retrocedáis cuando veáis que se aproxima el día en que se os exija algo que Dios espera de vosotros y lo siga haciendo hasta el final de vuestras encarnaciones antes de que alcancéis la resurrección. Amados, ¿qué importancia tienen todas estas cosas cuando el poder de Dios se os ofrece hoy mediante la partición y bendición de la comunión?

Sabed que, no yo, sino Dios en mí es la Palabra. Conoced esta ley de vuestro Ser. Conoced la plenitud del regocijo en cuerpo y espíritu, en la sangre de Cristo. Conoced el poder transformador. Sabed que el sendero de la divinidad fue y se ha establecido por siempre jamás en el Cristo Universal, quien siempre ha sido vuestro defensor ante el trono de gracia.

Se trata de la victoria de Dios. Esta victoria no va a negarse en vuestra vida a menos que vosotros mismos la neguéis, amados. Y, en efecto, mediante el libre albedrío podéis negarla. Por lo tanto, os digo, vigilad y orad para que en todo pensamiento, palabra y obra afirméis, pues, el poder de la victoria divina y neguéis el poder de todo fracaso, derrotismo, muerte y cinismo.

Necesitáis el poder de Dios

Os pido que os elevéis a una nueva percepción del ser en la santidad de Dios, el amor de Dios, la luz de Dios y la voluntad de Dios, a la cual se la conoce como el poder divino.

Necesitáis el poder de Dios, amados. Nosotros tenemos ese poder y deseamos transmitíroslo.

Está llegando la asistencia requerida por la humanidad

Yo, Miguel, os repito que el poder de la verdad para penetrar el error se está intensificando en el mundo de la forma, que el poder de la luz para dispersar la oscuridad se está incrementando, y que la asistencia requerida por parte de la humanidad está llegando.

Soy un defensor de la ciencia de la palabra hablada

Yo soy un defensor del llamado y de la espada de llama azul. Soy un defensor de la ciencia de la palabra hablada. Soy un defensor del poder del chakra del rayo azul y de cómo puede éste volver a crear el mundo.

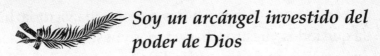

Soy un arcángel investido del poder de Dios

Soy en verdad un arcángel investido del poder de Dios. ¡Porque, he aquí, con Gabriel, con Jofiel, con Chamuel, con Rafael, con Uriel, con Zadkiel, permanezco en la Presencia de Dios!

El significado del amor

Cuando os deis cuenta de la intensidad de un arcángel y de los ángeles de la llama azul que os rodean, y os quedéis impresionados por una devoción tan inquebrantable que se convierte en la magnitud del poder divino, comprended, amados, que éste también es el significado del amor.

Vuestros sentimientos deben cambiar y volverse divinos

Recordad que detrás de lo que liberamos hay un gran poder, las corrientes del cual fluyen por dentro de la fibra misma y el núcleo de todo vuestro Ser mientras aceptéis la presión de nuestra realidad y de vuestra propia conexión interna con la poderosa Presencia de Dios de toda vida. Sin embargo, para que podáis recibir la total efusión de nuestro amor, vuestros sentimientos deben cambiar y volverse divinos. **Todo lo viejo ha de desaparecer y todo debe renovarse en la luz de la fe de la era dorada.** Los momentos de triunfo celestial deben dar paso a días y horas de continua victoria, hasta que todos vuestros días y todas vuestras noches sean una combinación de espléndida fe, cuyos hilos, afianzados en la firme roca de su realidad crística, en el mundo de la forma, sean sostenidos por manos angélicas ante el trono de Dios, ante el principado de vuestro magnífico Ser —la Presencia divina—, que es la verdadera imagen de la vida, la cual es inmortal.

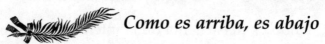 ## Como es arriba, es abajo

¡No existe ningún artículo de consumo comparable con el poder puro, amados! El poder verdadero es de Dios cuando lo califican la voluntad de Dios, la mente de Dios, el amor de Dios y la Ley de la Madre Divina. Como es arriba, es abajo.

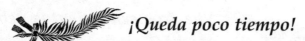 ## ¡Queda poco tiempo!

Conoced el poder de un arcángel que ha venido hoy a rescataros, y ¡sabed que os patrocino y que envío la espiral que puede ser vuestra liberación y la de vuestra llama gemela! No tenéis más que reclamarla, aceptarla y elevaros a vuestra misión en esta vida, ¡porque queda poco tiempo!

La esperanza del mundo yace en el poder de Dios enviado a vosotros a través de los arcángeles

Puesto que sois nuestra esperanza, os digo, verdadera y modestamente, que la esperanza del mundo yace en el poder de Dios enviado a vosotros a través de los arcángeles, los Elohim y todos los santos. Que la alegría esté con vosotros en el Señor que mora en vuestro corazón. Que la alegría esté con vosotros en el nombre de María. Que la alegría esté sobre vosotros a través de la llama violeta de Saint Germain.

YO SOY Miguel. Permanecemos en guardia.

Decreto de Poder

¡Poder de Llama Azul desde el corazón de Dios,
expande tu Fe a través de mí hoy!

¡Poder de Llama Azul desde el corazón de Dios,
libérame por el rayo de relámpago!

¡Poder de Llama Azul desde el corazón de Dios,
destella en acción el rayo de la Perfección!

¡Poder de Llama Azul desde el corazón de Dios,
oh Llama de Buena Voluntad, gobierna por
siempre!

¡Poder de Llama Azul desde el corazón de Dios,
expande a través de mí la Luz de la Protección!

¡Poder de Llama Azul desde el corazón de Dios,
ordeno ahora toda la fuerza de Hércules!

Afirmaciones de Poder

YO SOY el poder de la Palabra hablada

YO SOY el poder de Dios Todopoderoso

Porcia 🔥 Ediciones

¿Desea enviarnos algún comentario sobre este libro?

Esperamos que haya disfrutado al leerlo y que *Destellos de sabiduría del Arcángel Miguel* ocupe un lugar especial en su biblioteca. Es nuestro mayor deseo complacer a nuestros lectores, y, por ello, nos sería de gran ayuda si pudiera rellenar y enviarnos esta hoja:

C/Enamorados, 68 Pral 1ª - 08013 Barcelona (España)
o bien a:
9310 Fontainebleau Blvd. A-607 Miami, Fl. (U.S.A.)

Comentarios:_____
_____
_____
¿Qué le llamó más la atención de este libro?_____
_____
_____
¿Le gustaría recibir un catálogo de nuestras publicaciones?

    SÍ   NO

Nombre:_____
Dirección:_____
Ciudad:_____CP:_____País:_____
Nº de teléfono:_____
Email:_____